日本贫困女子

Yuko Iijima

ルポ 貧困 女子

[日]饭岛裕子——著

吕灵芝——译

新星出版社 NEW STAR PRESS

目录

序 章 何谓女性贫困

贫困女子登场！？ /3

男性非正式雇佣冲击的背后 /5

难以把握的女性贫困 /9

连贫困都没有资格的女性 /11

男主外模式 /13

女性活跃的促进与青年女性 /15

访谈概要 /16

第一章 家庭：危险的安全网

只能在父母家生活 /23

单身寄生族的凋零 /27

令人如坐针毡的原生家庭 /30

逃离暴力 /32

流落街头的女子 /37

家中无立足之地 /42

关系性贫困 /45

同居的陷阱 /47

第二章　藏在家务背后的阴影

辍学成为与社会割裂的开端 / 55

尼特族、"家里蹲"都是男性！？ / 57

连家人都漠不关心 / 60

父亲死后，生活急转直下 / 62

开始工作前的困难 / 66

女生讲座 / 67

埼玉县的方针 / 73

第三章　正式员工也困难重重

工作到倒下的女性们 / 79

压榨新人的黑心企业 / 82

一路下滑 / 86

为付房租而上门卖淫 / 89

不断增加的精神障碍与霸凌 / 94

在毫无余力的职场上 / 97

使用残障人士名额工作 / 101

即使成了正式员工 / 108

第四章　非正式雇佣的负面连锁

学历与非正式雇佣率 / 115

高中毕业女性的困难 / 116

辍学使现状更严峻 / 120

高学历穷忙族 / 127

官制穷忙族 / 130

没完没了地找工作 / 134

创造交流环境 / 141

急病与非正式雇佣的单身者 / 143

非正式雇佣的黑暗 / 148

第五章　婚育压力

想要小孩 / 153

"单身女王"的登场 / 157

连"丧家犬"都当不成 / 160

无缘社会、地震、牵绊 / 163

一亿总活跃社会的"育儿支援"目标 / 167

不是优等生的妹妹成了更上等的女人 / 169

全方位的少子化应对政策 / 173

早知道就该硬生 / 177

非正式雇佣者寻找结婚对象也很不利 / 178

贫困女子也要生 / 181

极端低迷的非婚子女出生率 / 183

少子化的大旗 / 187

第六章　女性的割裂

事业、丈夫、孩子，一无所有 / 191

割裂的 1985 年 / 199

行政职位缩减的后果 / 204

促进女性活跃的光与影 / 208

生完孩子继续工作的女性们 / 211

不断累积的孤立感 / 214

不存在的一群人 / 219

往上推挤的压力 / 222

频发的心理问题 / 225

如何跨越割裂，实现联合 / 227

终　章　寻求一线光明

"穷充"背后的陷阱 / 233

所谓贫困是什么？ / 236

雇佣的包容与脱离 / 237

家庭的包容与脱离 / 241

"男主外模式"的崩坏与意识的偏移 / 244

超越贫困女子 / 248

后　记 / 255

序章 何谓女性贫困

贫困女子登场!?

2011年12月,《朝日新闻》头版头条打出了《1/3单身女性深陷贫困》的大标题。此前,即2007年,国立社会保障人口问题研究所公布了国民生活基础调查结果。调查显示,20—64岁的单身女性中,有32%的收入水平连国民人均可支配收入的一半都没有达到(2007年人均可支配收入为不足114万日元①);65岁以上的高龄女性及单亲母子家庭的贫困率更高,二者均达到了50%。不过这篇文章发表后,最引发媒体关注的还是20—30岁以及30—40岁的青年单身女性群体。

她们被唤作"贫困女子",被杂志和新闻媒体频频讨论着。比如《1/3!一直被忽视的女性贫困问题》(日经商业ONLINE,2011年12月),《贫困女子与富裕女子》

---

① 2007年,1万日元可兑换616.17元人民币。日元汇率每年有上下波动,后不再——标注。

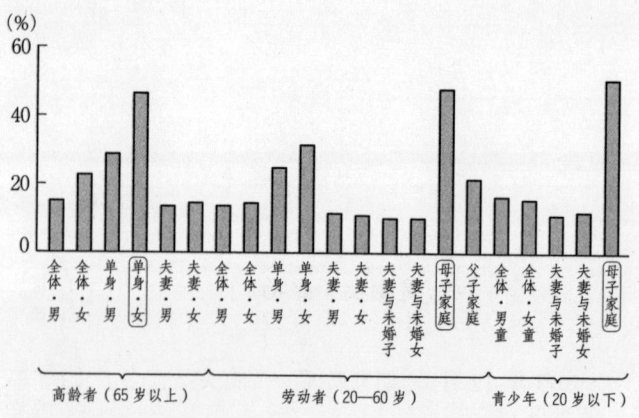

①相对贫困率为未达到可支配收入中位数的50%的人群比例。
②调查年份为2009年。
数据来源：内阁府两性平等局《两性平等白皮书（平成二十四年版）》

图序-1 按年龄和家庭分类的相对贫困率（2010年）

(《AERA》，2012年4月),《深层调查书写！——女性的贫困》(NHK ETV网络频道，2012年4月)等。

如此一来，与青年男性和单身母亲相比，可视化程度更低的女性困境就凸显出来，相应的解决途径也令人可期。然而，"贫困女子"这一概念最终仅仅止步于一时的风潮和供人消遣的话题。其后，虽然贫困女子依旧不时受到关注，但是并没有人深入研究她们为何会陷入贫困，没有人去分析这里面的结构性问题，更没有人着手进行应对和援助，以至于问题至今仍悬而未决。

与青年男性雇佣的非正式化和儿童贫困问题不同，女性问题关注度较少，原因何在？

男性非正式雇佣冲击的背后

21世纪以来，20—30岁、30—40岁的青年中，每3人中就有1人以上处于非正式雇佣状态。青年群体的雇佣状况恶化以及随之而来的贫困化受到了人们的广泛关注。媒体叫他们"自由人""尼特族""网咖难民""穷忙族""流浪青年"等，但其中多数为男性。

作为中坚劳动力，将来供养家庭的一家之主却没有一份正经工作，这一冲击令人难以想象，逐渐成为严峻的社会问题。

可是，雇佣的非正式化与随之而来的贫困化同样发生在青年女性身上。20世纪90年代初，青年女性的非正式雇佣率为10%左右，其后开始急遽上升，现在已经达到40%。

再看以性别分类的数据。2012年，青年女性（20—29岁）的非正式雇佣率为42%，男性为28%，前者是后者的1.5倍。此外，在非正式雇佣方面男女工资差距尤

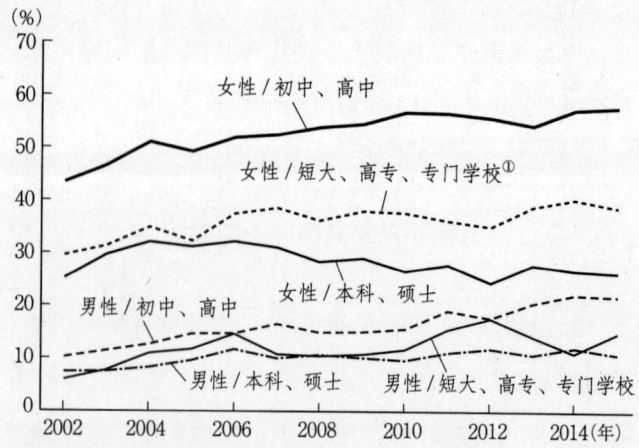

注：非正式雇佣者是指小时工、兼职、临时工、派遣工等以非正式员工的雇佣形态工作的人。图中显示了除董事以外的雇佣者所占比例。2011年的数据中不包含岩手、宫城、福岛。
数据来源：小杉礼子《青年女性中扩大的学历格差》，小杉礼子、宫本道子编著：《底层化的女性》（劲草书房，2015年）

图序-2 25—34岁男女按最终学历分类的非正式雇佣者比例

为突出，男性平均工资为222万日元，女性为147.5万日元，只达到了男性收入的六成左右（国税厅《2014年民间薪金统计调查结果》）。

尽管这些情况一直存在，女性的贫困和雇佣问题却

---

①短大、高专和专门学校为日本实施高等职业教育的机构。短大即短期大学，入学者须接受过12年的学校教育，学制2—3年，毕业后授予准学士学位；高专即高等专门学校，招生对象为初中毕业生，五年制，设高中课程，毕业后授予高中毕业资格；专门学校的招生对象为高中毕业生，属高等教育，毕业后授予短期大学毕业生同等资格。

始终不如青年男性的问题引人瞩目。

她们为什么被忽视了?

关于被忽视的青年女性贫困问题,笔者本人也难辞其咎。我曾经与帮助流浪者通过销售杂志完成自立的NPO①法人(Big Issue)基金会合作,针对处于流浪状态的50名青年展开了问卷调查,并在2011年1月出版了《青年流浪者》(筑摩新书)。

调查开始时,恰好是发生了雷曼冲击的2008年夏天。那年年末,东京日比谷公园开设了"过年派遣村",无家可归的人们顿时涌了进来。其中有很多人本来以派遣劳工的身份在制造业现场工作,后来因为派遣合同中断,不得不从此前居住的员工宿舍搬走。

我也去了派遣村的现场,发现那里的居民大部分是男性,女性只有寥寥几名,而且还躲藏在女性专用的帐篷中。那年元旦前后,"派遣村"的消息被媒体大肆报道,非正式雇佣问题和贫困问题开始受到关注。

之后我又继续采访了一些参加市内施粥活动的流浪

---

① NPO,是独立于政府或民间之外,从事各种非营利性活动的社会组织的总称。狭义上的NPO指获得法人资格的特定非盈利法人,以及各种市民活动团体、志愿者团体。

青年，结果所有人都是男性。跟派遣村一样，施粥现场即便能碰到女性，人数也非常少，更没有青年女性的身影。可能和许多女性选择遮挡面孔保持低调，难以分辨年龄和性别有关系。

由于采访对象都是男性，书籍出版后，我收到了许多提问，比如"没有流浪女性吗？""女性是否不像男性那样容易陷入贫困？""是因为有性产业保底吗？"

对容易遭到性侵害的女性来说，流落街头意味着巨大的危险。大部分人认为，相比庇护所较少、难以摆脱流浪生活的男性，女性只要愿意，就很容易得到妇女保护设施和母子宿舍等机构的收容。

2014年，大阪市公务人员对前来进行生活保障咨询的30岁女性给出"去性服务业工作就好"的答复，瞬间引起轩然大波。这一回答虽然极为缺乏职业道德，但同时也可以证明，很多人认为青年女性拥有性风俗产业这张"安全网"。

相比男性，女性绝非待遇更佳，只不过是女性贫困更难以发现而已。事实是，女性贫困率更高，处境更为艰难——在做出如此说明的同时，我为自己只能给出这样的模糊答案羞愧不已。

难以把握的女性贫困

女性,尤其是青年女性的现状究竟如何?我本人也是当事人之一。因为当时的我处在30岁以上、女性、自由职业这一不稳定的状态中,而且是单身。只要走错一步,我就很可能陷入贫困。

于是,我决定走访20—50岁的单身女性,听她们说说自己的经历。2012年夏天,我在熟人和NPO人士的介绍下逐渐展开了针对这些女性的访谈。

原本以为即使每个人的情况不一样,只要采访人数够多,就能找到共通之处。但是结果与我预料的完全相反,贫困的实际形态很难把握。越是对女性展开访问,我反倒越被她们个人面临的问题所影响,陷入混乱。

从逃学演变为"家里蹲",没有任何工作经验;与同住的家人关系不好;由于职权骚扰①患上抑郁症,不得不频繁出入医院;无人倾诉,倍感孤立;周围催婚催生压力过大,痛苦不已……每一名女性的处境都极为艰难。

---

①与职场骚扰不同,日本的职权骚扰有特定的含义,具体分为施暴等身体攻击、威胁等精神攻击、无视或排斥、安排过多工作等过度要求、不安排工作等过少要求、干涉个人隐私六类,以发生问题后推卸责任、否定沟通、否定对方人格、在第三人面前假客气等为特征。

可是,这些看起来都不是贫困和雇佣关系崩坏等社会结构问题,而像是她们个人的问题。

她们与贫困无疑只隔着一层窗户纸,可是处境不同,贫困是否会成为问题也不相同。例如年收入150万日元、住在父母家与独自居住就截然不同;同样是与父母一起居住,家庭关系是否和谐,能否补贴家用也会有所差异。

与之相对,流浪青年男性的共同点和问题的本质较青年女性则更容易把握。例如上文接受采访的男性流浪者中,多数都是学历低(半数为初中毕业或高中辍学)、幼年时期经历过贫困,以及没有家人可以依靠的人。其中,八成虽然有过正式雇佣经历,但都在几年后辞职,从此频繁更换工作。可见,一旦成为非正式雇佣者,就很难再次得到正式雇佣,尤其是那些没有学历和工作经验的男性。他们可以以制造业派遣或派遣日工为生,但也会因为派遣结束而失去工作,被赶出宿舍,或是无法支付房租,只能在网咖等地方生活。

其中也有与父母同住的男性,但是他们家里并不宽裕,而且往往会因为父母看不惯儿子一直持续"飞特族"① 和尼特族的生活,而把他们赶出家门。不管是哪种形式,失去工作和不稳定性都是导火索,并且成为男性陷入贫困与流浪的共同理由。

女性的境遇并非与雇佣问题完全无关,但她们似乎不像男性一样,一旦工作不稳定或是失业,立刻就陷入贫困并马上失去住所。正因为如此,女性的贫困才更难把握。

连贫困都没有资格的女性

在持续取材的过程中,我发现了一个现象,那就是在女性群体中,"贫困"与"不稳定的雇佣"乃默认值(初始值)。

除了未婚与工作不稳定(非正式雇佣或待业),我并没有对采访对象设定如年收入这样的条件。但是经过统计发现,且不论目前待业的人,即使是有工作的女性,也有许多被称为"穷忙族",她们的年收入不足200万日

---

① "飞特族"(Freeter),指以正式职员以外的身份来维持生计的人,他们往往年龄在15—34岁,没有固定职业,需要钱的时候就出去挣钱,挣够了就休息。

元。这与15—34岁非正式雇佣女性中八成年收入不足200万日元的就业结构基本调查得出的分析结果一致。

本书开篇介绍了单身女性的贫困率,负责统计数据的东京都立大学的阿部彩女士说:"这个数据并非最近几年突然上升的,而是20年前就一直居高不下。"可以说,就算不把今年逐渐凸显的雇佣和贫困问题拿出来比较,女性也一直是与贫困伴随左右的群体。

为何这种现象始终没有被当成问题?这就要讲到从战后一直延续至今的"男主外模式"。

在开篇提到的《1/3单身女性深陷贫困》这篇文章刊登之后,阿部女士接到了很多电话。

"大多数人都认为你怎么能主张女性贫困。"阿部彩女士回忆道。可以说,那些意见反映了社会的普遍观念:女性应该结婚并得到男性供养,怎么可以成为户主?

实际上,到20世纪70年代中期为止,日本的有配偶者比例一直处在95%以上,单身女性则被归类为"结不了婚的可怜女人"和"胆敢离婚的不正经女人",她们的贫困从未被视作社会结构问题。她们都是"例外",是"残余"(坚田香绪里《社会保障、社会福利中的排挤与包容》,山森亮编:《重新审视劳动6》,大月书店,

2012年)。这种观念恐怕直至今日都没有从根本上得到改变。尽管表面上对未婚者和离婚者的批判有所减少,但人们依旧将单身女性的生存难题定义为"心理扭曲所致的问题"(雨宫处凛《隐藏在余白里的"女性贫困"》,《现代思想》40卷15号,2012年),很少把它与贫困和就业困难挂勾。

男主外模式

在这里,我先简单总结一下"男主外模式"的概念。

所谓男主外模式,是指男性外出工作赚取主要收入,女性则从事无报酬的家务、育儿、看护等家庭内部工作的模式。可以将其理解为男女根据性别进行分工。

不论好坏,可以说"男主外模式"与日本型雇佣系统一起构筑了日本劳动与家庭的形态。在高度经济成长期,日本型雇佣系统得到了大力发展。这一系统的特征是:只要成为正式员工,就能够得到终身雇佣和升职加薪的保障。而以雇佣和薪资稳定作为交换,正式员工不得不从事长时间的劳动,而无法分担家务。

那么,最后是谁承担了那些工作?大多数情况下,人们都会选择由收入较少的妻子来主要负责家务。而且，这一形式也与长年维持下来的父权制理念相符。连国家也通过配偶减免和第三号被保险人制度[①]对男主外模式进行声援。

尽管如此，职业女性的人数还是在上升，并在1992年超过了家庭主妇。可是，其中过半都是被称为"主妇临时工"的非正式雇佣。由于这些女性工作的前提是隶属于男主外模式之下，她们的劳动都被视为补贴家用，无法得到足以自立的薪资和待遇。这些非正式雇佣的女性，被利用为就业的调节阀。

但事实上，非正式雇佣女性并不完全等同于主妇临时工。由于时间限制无法从事正式雇佣的单身母亲和单身独居女性中，也有许多非正式雇佣人员。可是糟糕的待遇并没有成为问题。因为她们都是"例外"和"残余"。

直到21世纪第一个十年前半期，青年男性雇佣面临危机，女性长年面对的雇佣不稳定、薪资待遇差等非正式雇佣问题才被曝光出来。在这之前，以非正式雇佣为

---

①指将被雇佣者配偶作为第三号被保险人强制加入国民年金，采取夫妇基础年金＋被雇佣者报酬比例年金的形式发放养老金的制度。该制度下，第三号被保险者的费用无须由个人承担。

主流的女性们的贫困和雇佣问题都被忽略，导致她们直到现在仍是被抛下的群体。

女性活跃的促进与青年女性

现在，男主外模式正在濒临崩溃。由于准丈夫和父亲的雇佣状况恶化，男主外模式变得越来越难以为继，这种模式下一直被遮蔽的单身女性便一点点显露出来。

与此同时，上文虽然提到"贫困"与"不稳定雇佣"是女性的初始设定，女性正式员工的薪资逐年上涨，与男性差距正在逐渐缩小也是事实。女性的大学升学率实现了飞跃性提升，毕业后找工作自立已经顺理成章，而且生育后继续坚持工作的女性也在增多。2015年制定的《女性活跃促进法》等法案通过妇女措施的重点化，正在不断提高女性综合岗位和女性管理岗位的比例。

可是，尽管人们的观念在不断进步，决心自立的女性越来越多，能够满足经济自立需求的工作却被限制在极少数。这点可以从女性非正式雇佣率居高不下和薪资水准明显看出。

青年女性的结婚、生育等组成家庭的问题也成了复杂问题的一环。一方面，越来越多的女性在结婚、生育后继续积极工作，但是另一方面，还有因收入不稳定很少考虑步入婚姻的人，有结婚生育意愿却未能如愿的人，以及亲属过度施压身心受损的人。

在这样的情况下，女性的两极分化开始加剧。

与大部分女性结婚生子之后马上辞去工作回归家庭的时代相比，现在女性的人生选择似乎变多了。然而，女性之间的分裂也因此加剧，女性与女性的连接越来越困难。

访谈概要

本书以女性采访对象的话语为中心展开论述。

第一、二章主要着眼于家庭。经济状况不稳定的单身女性大多住在父母家来维持生活。可是，家庭有时会带来各种各样的风险。另外，我还想对以家事料理为名而被忽略的"家里蹲女性"这一群体展开讨论。

第三、四章将目光转向工作领域。第三章主要论述有正式雇佣经验的女性。推进女性参与社会工作的法律得到完善，女性薪资也实现了提高，但是对女性来说，工作真的变轻松了吗？我将就拼命工作累倒在岗位上的女性的真实样态展开考察。第四章将论述近半数青年女性正在从事的非正式雇佣工作。

第五章围绕结婚生子问题进行探讨。女性们面对的生存难题无法用是否参加劳动和贫困与否简单定义。尤其对青年女性来说，能否走上结婚生子这条轨道是一个巨大的分歧点。另外还会对举国应对少子化给女性带来的影响展开思考。

第六章将聚焦《女性活跃促进法》导致的女性分裂和两极分化问题。女性之间本来就很难互相连接，身处困境的女性更是被孤立，甚至可能出现精神方面的问题。

终章将反思如何改善女性的处境。

进入正文前，先在此处记录访谈概要。

针对单身女性的采访从2012年到2015年间歇性展开，采访对象主要由生活穷困者志愿组织、工会、都道府县等两性平等中心及熟人介绍，最终锁定了16—47岁的47名女性。

本书使用的姓名皆为化名，年龄为接受采访时的年龄。此外，为保护受访者隐私，文中可能对出生地等基本信息进行改动。

此外，47名受访者中，符合①非正式雇佣或待业、②年收入不足200万日元、③遇上就业冰河期（1972年以后出生）这三种条件中任何一种的女性（学生、单身母亲除外）有30人。我将这30名整体轮廓难以把握的女性称为"冰河期世代"①，并在下文予以详述。

首先从居住形态来看，30人中，住在父母家中的有18人，独居者8人，合租者4人。与家庭有矛盾的有12人。目前正在工作的有21人——其中，属于派遣等临时契约工、但是接近全职的占14人，每周只上几天班、劳动时间受到限制的有7人。剩余9人正在求职。

从工作经验来看，25人有过工作经验，剩余5人只打过几天零工或接受过职业训练。有工作经验的受访者中，有正式员工经验的占14人，有过职场人际关系矛盾和职权骚扰等负面经历的有17人。

---

① 20世纪日本泡沫经济崩坏之后，日本应届毕业生就业形势严重恶化，此时段被称为"就业冰河期"，而1993—2004年毕业的一代恰巧赶上了这段时期，因此这一代又被媒体称作"冰河期世代"。相关数据显示，"失业的一代"中，有超过30万人处于无业和待业状态，即便是已就业的男性群体，其非正式雇佣者比例也高达10%左右。

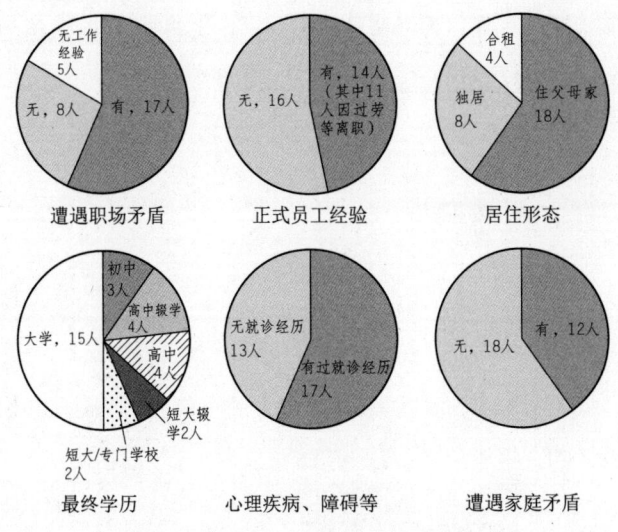

图序-3 "冰河期世代30人"调查情况

由于心理疾病等原因曾经去医院就诊的有17人,超过半数,其中5人有精神障碍人士诊断书。

从学历来看,大学毕业者15人,短大、专门学校毕业者2人,短大辍学者2人,高中毕业者4人,高中辍学者4人,初中毕业者3人,学历水平相对较高。

此外,领取过低保的受访者有5人。在公园或网咖等地过夜,有过流浪经历的受访者有5人。

顺带一提，为弄清整体轮廓，正文将把这30人称为"冰河期世代30人"。

第一章 家庭：危险的安全网

只能在父母家生活

东沙也加女士（24岁），目前是首都圈某公立小学临时教员。

本来想着大学毕业后要搬出父母家，所以她早早就开始找工作，给100多家公司递了求职信，结果惨败。后来经由HELLO WORK找到一份工作，在一所面向儿童的英语补习机构上班。

> 原本觉得只要能当正式员工，怎么都好……于是马上入了职，然后就开始了异常忙碌的生活。从早上8点到傍晚全是课，晚上也要忙着处理文书工作，基本上都是赶着最后一班车回家。

补习班共有15名员工，其中6人是跟东女士同期入职的新员工。这可以说是高录用率与高离职率相结合的典型"黑心企业"。由于离职率过高,补习班曾经接受过劳动基准监督署的调查,但是情况丝毫没有改善。

> 天天坐最后一班车回家,有时会突然无法控制情绪哭起来。后来我意识到再这样下去恐怕不妙,就辞职了。

东女士马上开始寻找下一份工作,但是因为担心又遇到黑心企业,一直提不起兴致。半年后,她找到了公立小学临时教员的工作。对喜欢小孩子的东女士来说,现在这份工作十分快乐,她很有成就感。

但她只是临时教员,每月到手的工资不足8万日元,而且合同只有一年,并不确定第二年能否续约。

> 如果我不住在父母家,肯定不会选这份工作。而且他们也快退休了。我现在正在找第二份工作,准备晚上兼职去补习班教课。

由于收入低而不得不依赖父母的女性不在少数。可是她们都面临着一个事实,即无法一辈子依赖父母的收入和年金。

山口多惠女士（30岁），大学毕业后为了实现舞者的梦想，开始住在父母家靠打零工维持生计。她定期上台表演，顺利积累了一定的经验，但是几年前受经济下滑的影响，父亲的工作变得不太顺利，家里开始需要山口女士的收入支持，于是她便在超市和饮食店打起了两份零工。

也就是说，原本应该是最大安全网的父母家，瞬间就走到了崩溃的边缘。

> 由于打工时间较长，店里也比较依赖我，后来我的排班时间变长，不过收入同时也增加了，我就加把劲从清晨一直工作到深夜。但是如果再兼顾跳舞，整个人就会累得晕晕乎乎，甚至失眠，最后到医院诊断才知道得了抑郁症。

后来，她不得不放弃跳舞。因为不能让收入减少，现在依旧在打零工。

> 我是考虑到东京市内的房租和交通状况，才一

直留在父母家的。只是没想到事情会变成这样……如果说我太天真,我也无法反驳。一想到将来,我就特别不安。

单身男女中,超过七成的人与父母同住。而且这个比例正在逐年升高,特别是35—44岁这个年龄层。1980年,与父母同居的人数还不到50万,到2012年已经超过了300万(图1-1)。

再从收入档次来看,越是低收入的青年,与父母同居的比例就越高。可以想象,在经济和生活方面完全依

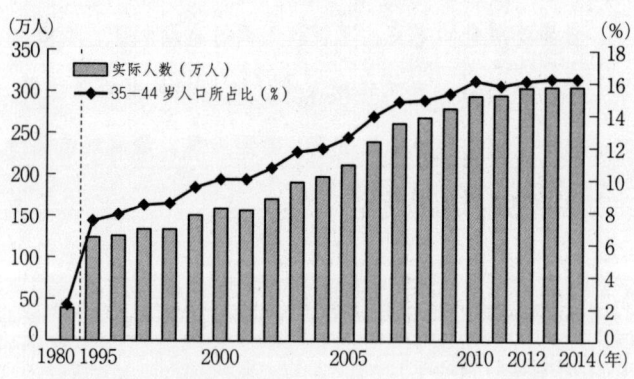

注:图中为每年9月的统计数值。
数据来源:总务省统计研修所、西文彦:《与父母同居的未婚者近况》

图1-1 与父母同居的中年未婚者(35—44)人数变化

赖双亲的"单身寄生族"与享受优雅单身生活的"单身贵族"是截然不同的两种阶层。

2014年,大问题(Big Issue)基金会对年收入不足200万日元的单身青年男女(40岁以下,学生除外)的住所展开了调查(有效回答数1767人)。结果显示,大概每4人中就有3人(77%)与父母同住。从劳动形式来看,正式员工占8%,无业者占39%,临时工、兼职零工占38%,合同工、派遣工占9%,个体户、自由职业者占6%。

由此看来,对工作不稳定的青年来说,与父母同居起到了安全网的作用。想必也会有人批判:"因为父母有房子,所以才不努力工作。""到底要寄生到什么时候。"但是这份调查并不能体现被调查对象与父母等的同住家人的关系情况。

单身寄生族的凋零

在这份调查中,男性、女性与父母的同居率几乎持平(男性78.4%,女性76.4%),但是,年收入不足200万日元的青年男性中将近八成都与父母同住的事实,恐怕更有冲击力。

当恶性事件的嫌疑人身上出现"无业""青年男性""住在父母家"的标签时,人们对他们及其家人的谴责就会暴增。事实上,就算与案件无关,这类人群也会首先被怀疑。社会对没有稳定工作、住在父母家的青年男性有很强的负面印象,仅仅因为工作不稳定、与父母同住,他们就有可能被当成罪犯。

另一方面,无业并住在父母家的女性却很少成为社会批判的对象。曾经,女性"住在父母家"还被视作好条件,成为找工作和相亲的优势。以前在金融机构等,为了防止"挪用"公款,还将"住在父母家、家境很好的千金小姐"视作理想职员(这个想法本身便是对女性的蔑视),而且那个时代才过去不久。就算这类女性没有工作,也会被解释为"新娘修习"和"料理家事",不被视作问题。

从泡沫时代开始,经济宽裕的单身职业女性在时装、旅行、饮食等方面的消费占比最多,作为可支配收入高的群体,一直占据市场营销和广告宣传的中心焦点。

1997年,社会学者山田昌宏将毕业后依旧与父母同住的单身男女命名为"Parasite Single"(单身寄生族)。这类人群将父母作为宿主,进行经济上的寄生。甚至有人在三餐、洗漱、打扫等生活方面也完全依赖父母。结婚之后无法维持与在父母家同等的生活水平,成为很多人不婚和晚婚的原因。

可是正如开篇所言,现在越来越多的人不是为了享受优雅的单身生活,而是因为经济条件达不到独居的标准而不得不住在父母家。还有不少人是因为父母经济困难和需要看护而选择的同住。也就是说,单身寄生族的数量一直在增加,但是这个人群的构成和指称已经发生了很大变化。

单身寄生族的男女往往会选择不婚或晚婚。20世纪90年代,女性终身不婚的比例仅占5%,到2010年已经增至10%(男性20%)。女性初婚年龄也在逐年上升,1980年的平均初婚年龄为25.2岁,到2014年已经上升到了29.4岁。

被认为"迟早要结婚离家"的未婚女性超过30岁依旧没有离开家。在不婚和晚婚的背景之下,与父母同住的现象出现了前所未有的长期化与无限期化。其结果就是越来越多的同住者与父母等家人关系恶化。即便这样,这些无处可去的女性还是不得不死死抓住父母家这张扭曲的安全网。

令人如坐针毡的原生家庭

羽鸟环女士（36岁），是一位派遣工，与双亲以及四个妹妹生活在一起，但是她跟家人的关系很不好，一直非常烦恼。目前她正在寻找正式工作，但是结果并不理想。

> 现在这个世道，一旦做过非正式雇佣的工作，就很难回到正式员工的轨道上。过了35岁这道坎，这种情况变得更加严重。

羽鸟女士毕业于偏理科的大学，曾在一家设计事务所从事行政业务。她在东京的事务所干着与男性同样的活儿，但是每天加班到最后一班车使她患上了梅尼埃病[①]，不得不离职。其后，她做过文员和电话服务中心的派遣工，还有视频相关的技术性工作，各种工作环境都见识

---

①梅尼埃病，通常表现为眩晕、耳聋、耳鸣和耳闷胀感反复发作等症状，30—50岁为多发群体。

过了。然而这些工作都因为合同期满、上司的职权骚扰或公司合并裁员等，只干了几年就不得不离开。目前她从事的派遣工作也是半年合同，而且由于部门撤销不得不提前结束。

羽鸟女士说，两份工作中间的空档最难熬。

> 父母特别严格，一直叫我给家里钱。连妹妹都指责我，说她都给了凭什么我不给……所以每次找不到工作的时候，我就要去做超市的现场促销日工，好赚钱拿给家里。

不工作的时候，她只能一整天待在家里，如坐针毡，始终无法放松。

> 母亲对我的干涉特别严重。她总叫我出去工作，给家里钱，可是如果我因为找工作回来晚了，她又会大发雷霆。不久前，我觉得自己不能一直这样消沉下去，就开始跑马拉松。母亲一开始还挺支持，有一天却突然对我说："一把年纪了既不嫁人又不工作，整天待在家里，你有什么资格跑马拉松，赶紧给我

停了!"

她从小就非常害怕阴晴不定的母亲。由于太过烦恼与母亲的关系,她甚至开始出现头晕和恶心的症状,连走出房间都很困难。去心理科接受诊断后,医生建议她离开父母独立生活。

我早就想离开家,离开母亲了,可现在只能找到断断续续的派遣工作,这样我还是没办法一个人生活。当然也可以先离开家再说,可是我从来没有离开过这个家,每次都被自己的不安击垮。

逃离暴力

小谷由纪女士(27岁),一直跟父母同住,长年生活在父亲的暴力阴影下。父亲的暴力始于小谷女士受到校园霸凌,开始反复逃学的小学四年级。因为父亲是高中老师,绝不允许自己的女儿逃学,便试图强行带她去上学。由于缺课次数多,跟不上,小谷成绩开始下滑,这也引发了父亲的不满。

我被打得遍体鳞伤，有一次他还把我从楼梯上推了下去。成年以后，虽然暴力有所减少，但我还是很怕父亲，就算被轻碰一下，整个心脏也都会像被钳住一样。

　　母亲对父亲明显过度的"管教"并没有提出过任何意见。

　　他说"像你这样的必须早早学点技能"，问都不问就替我向一所可以获得二级护理师资格的高中提交了入学申请。

　　她虽然上了高中，但很快又开始逃学，最终没有获得护理师资格证，只靠勉强符合规定的出勤率熬到了毕业。

　　后来父亲的干涉并没有停止，他又逼我上了短大，叫我去考计算机证。可是我的学习能力跟不上，最后什么证都没考到。虽然拿到了毕业证书，但是据说那所短大一直招不满学生，现在已经倒闭了。

由于小谷女士成绩不尽如人意,连能否毕业都不太确定,更完全没出去找过工作。

　　后来,父母又拿来附近一家新开业便利店招募员工的传单。因为没有别的选择,我便定下了在那家店每周上五天班。

便利店一开始生意很不错,后来业绩渐渐下滑,两年后,小谷女士就成了人员清退的对象。

　　我想找下一份工作,但是找不到,就在日工派遣的公司做了登记,做小时工。有时候在路上发纸巾,有时候举广告牌。我还在组装手机的工厂干过,后来因为动作慢被辞退了。日工不是每天都有,找不到的时候就只能蹲在家里。

父母自然无法接受这种情况,于是语言暴力和干涉日渐加剧。终于有一天,小谷女士决定离家出走。

　　我再也受不了这种生活了,就收拾了东西。我几乎没有存款,就这么离开可能要流落街头……可是当时根本就顾不上考虑这些。

她在网咖、漫咖和KTV过了一段时间,存款花完之后,还睡过公园。

我希望有人来帮我,可是又害怕被警察直接送回家。我知道外面有家暴庇护所,但我以前以为未婚的人并没有进入的资格。

曾经有路过的男性竖起几根手指走过来说:"这个数怎么样?"

因为我想要钱和睡觉的地方,就跟那些人去过酒店。有些人还趁我洗澡的时候跑了,没给钱。

小谷女士在公园露宿时,那里的流浪群体志愿者帮了她。她将父亲的暴力行为等详细说明后,志愿者陪她去了政府机构,还帮她申请了生活保护。这要多亏发现她的志愿者有心,如果换作别人,很可能会督促她尽快回父母家。

　　我乘不了扶梯，害怕煤气灶，有很强的不安感，现在要定时看精神科医生。医生说学校霸凌、跟父母关系不好以及露宿生活都是引发这些症状的原因。

最近，她开始接受就业培训，渐渐恢复了生活的节奏。

　　现在我还会被噩梦惊醒，因为我很担心生活保护会越来越少，到最后干脆叫我回父母家。

除了小谷女士，还有许多曾经子然一身离开家的女性。"冰河期世代30人"中，就有5人有过睡公园、网咖包夜等形同流浪的经历。那5人原本都在父母家住，因为受到家人精神和肉体上的暴力而离开家，在外流浪几天或几个月后，有的被家人带回，有的碰到志愿者并申请了生活保护，还有的找到政府机关咨询，在他们的介绍下找到了相应的庇护所。

在户外过夜意味着各种危险，女性更是如此。她们被卷入犯罪等事件的风险很高,同时遭到性侵害的可能性也很高,可谓情况危急。尽管如此,她们还是离开了家,可以窥见其破釜沉舟的决心。

流落街头的女子

即使破釜沉舟需要极大的勇气,只要是成年人,在离开家后就无须担心被家人强行带回。可是换到未成年人身上,则通常会被判定为"离家出走",最后被交回父母手上。

立花志穗同学(17岁),正在读高二,由于难以忍受父亲的性虐待逃出了家,从老家群马来到涩谷中心街区。

> 那里晚上也有人,而且应该有跟我差不多大的女孩子……虽然彼此都不会说自己的情况,但那些都是跟我一样无家可归的女孩子,我们每天都会抱团挨到早晨。

她曾经在网咖包过夜,但是那里有大声喊叫的男人,她常常害怕得不敢睡觉。父母在她年幼时离婚,她一直与父亲、祖母和弟弟生活在一起。对于遭受性虐待之事，她从未向祖母提起过。

有一回我鼓起勇气对班主任说了。老师很认真地听了我的话，还把父亲叫到学校去，但是父亲坚决否认，说我在撒谎，只想给大人找麻烦……那位老师很年轻，就被说服了。我意识到找谁求救都没用，就趁家人不在时逃了出来。

就在她身心遭受重创，彷徨在深夜街头的时候，碰到了NPO的志愿者并得到了庇护。可是立花同学尚未成年，需要向家庭法院申请"终止监护权"并得到批准，才能与父亲完全断绝关系。现在，她的未来之路漫长而坎坷。

尽管如此，立花同学还是在律师和志愿者的不懈努力下，得到了自立支援中心的入住许可，目前已经安顿下来。虽然她现在在休学，将来还会回去上学，继续追求护士的梦想。

涩谷中心街区和新宿歌舞伎町这些繁华路段常常能看到在街头抱团一直相守到天明的女孩子。在深夜的快餐店，也能看到随身携带大件行李，妆容很浓，却无论怎么看都只有十几岁的女孩子彻夜待着。

她们是错过了最后一班电车，还是在流浪呢？看得出来，许多女孩子已经很长时间都没有回过家了。其中一部分可能只是夜不归宿或离家出走，但其中也有人无家可归，在街头流浪好几个月，时刻处在危险中。她们为何陷入了流浪？

佐仓诗织女士（27岁），因为与父亲的一次激烈冲突而愤然离家，从三重县来到了涩谷。她是四个兄弟姐妹中最小的一个，母亲在她上小学那年自杀，所以她由父亲单独抚养长大。当时第一个发现母亲死亡的，便是佐仓女士。

> 我到现在都希望当时能早点发现。我们家根本没有热饭热菜、整齐的房间等这些普通家庭理所当然的东西。到了青春期，我开始特别讨厌回家，跟父亲的关系也逐渐恶化。

忙于工作、家务和照顾四个孩子的父亲想必没有时间对佐仓女士进行特别照料。佐仓女士高中辍学后先后在时装店和面包工厂工作过,但都几个月后就辞职了。父亲由于自己的配送业务收入不稳定,对每份工作都干不久的女儿进行了毫不留情的责骂。在辞掉干了一个月左右的清洁公司后,佐仓女士便离开了家。

> 一开始我在网咖过夜,后来没钱了,就在涩谷街头闲晃。一个女的站在街上总会被男人频繁搭讪,于是我也就"想开了"。

由于是"想开了以后才做出的行动",年轻女性都把援助交际称为"想开了"。有些人会去旅馆开钟点房,有些人则跟随男性到其家中。

> 有一天我跟一个男的谈生意,没想到他竟然是便衣警察。于是我就被管教了。出过这种事之后,我就开始在网络论坛上寻找客户。有些人让我很害怕,但也有一些人很和善,甚至让我暂住在他家里。

然而,在佐仓女士与随机认识的男性持续交往时,精神方面的平衡一点点崩塌了。

> 我觉得自己做的事非常肮脏，极度厌恶自己，我的身心都被玷污了，不管做什么都无法挽回。

似乎是为了惩罚自己，她开始反复割腕。有一次因为失血过多被救护车送到医院，出院后便回到了家。可是在那之后，她也没有完全停止"想开了"的行为。

> 现在我时刻注意跟父亲保持距离，尽量和平相处。之所以还要继续做，其实并不是为了钱，更多是为了填补心灵的空虚。我这人特别害怕寂寞，所以哪怕对方只是为了援交，哪怕只是暂时的，我也希望有人对我好。

事实上，遇到"好心"的男性和"能够安慰她"的男性，佐仓女士都不会收钱。为了摆脱贫困而从事"想开了"的工作，在达成目标后便停止——如果能这么简单也算好事，只是现实要更为复杂。因为有许多女性都像佐仓女士这样，有很深的心灵创伤。

家中无立足之地

有贺有里绘（17岁），高三学生，也无家可归，只能在不同的男性家留宿。她原本性格活泼，朋友众多，但是在父亲的家暴突然激化后，有贺同学的生活就变得黯淡起来。虽然与母亲一起投奔了亲戚，但是那里并没有她的容身之处。其后，有贺同学就一直在不同的朋友家寄宿。

"我朋友的熟人家是小伙伴们聚集的场所，那个小房间里经常会有好几个男男女女过来住。可是我在那里住了3个月，对方突然要我支付5万日元的房租……于是为了交钱，我开始援交。因为朋友家都被我住遍了，便在做'想开了'时认识的男人家里过夜。"有贺同学回忆道。

她主要从网上寻找援交对象，因此时刻与危险相伴。曾经，她还遇到过好几个男人来到指定地点，险些强暴她的事情。从那件事之后，她的精神状态就开始不太稳定。有贺同学在母亲的介绍下去了精神科，被诊断为抑郁症，之后每天必须服用镇静剂和安眠药。

有时候遇到痛苦的事情，我就会大量服药，甚至将朋友给我的不明药品与镇静剂一起服用，最后弄得意识模糊，晕乎乎走到外面，被警察抓住。可能因为之前援交被逮到过，这次我被少年鉴别所①关了一段时间。

其实，她并非离开家后才开始从事"想开了"的。在她刚进入高中时，从事高空作业的父亲由于受伤而无法工作。之后，父亲虽然转行当了出租车司机，收入却一直不稳定，开始在家中施暴。母亲在这种情况下出现了抑郁症状，需要到精神科接受治疗，因此再也无法照顾儿女。

妈妈做不了饭是常态，所以我一直都靠便利店的盒饭生活。学费是直接从银行账户上扣，所以不用我担心，但是除此以外的所有费用，包括学生月票和午饭钱，我都要自己想办法。一开始我还在快餐店打零工，可实在太不划算，于是我就"想开了"。如果

---

①少年鉴别所，主要用于收容被家庭法院下达观察保护命令的未成年人，从医学、心理学、社会学、教育学等方面对未成年人的资质及所处环境进行调查的机构。

我能当陪酒女或者应招女郎还好一点,只是那些都要满18岁才能做。现在雇佣未满18岁的人罚得特别重,我根本没办法谎报年龄。

由于无法在风俗店铺①挂单,她只能以个人名义在街头或网络上寻找"客户"——保护青少年的法律法规反而帮了倒忙,使她面临着难以估量的危险。

现在,有贺同学已经回到了母亲投靠的亲戚家,但是住在那里非常不自在,她经常反复短暂离家出走。

我巴不得现在就18岁。到时候我深夜在外面晃也不会被抓起来,工作的范围也更广。以前我对学校保健室的老师倾诉过家庭问题,我也想将来能做他那样的工作。不过现在,先离开家并且让经济稳定下来才是头等大事。

---

① 一般指提供陪酒服务的店铺,并不一定存在性服务。

关系性贫困

有许多少女没有令人安心的立足之地,正在重复着离家出走的做法。

一个名为"Colabo"的援助团体正在为这些少女提供援助。担任团体代表的仁藤梦乃女士著有一部《难民高中生》(英治出版,2013年),她本人高中时代的几乎所有夜晚都是在街头度过的。仁藤女士说,这些浓妆艳抹、服装华丽的女孩们乍一看与流浪者截然不同,实际两者在夜晚的街头寻求立足之地的心境完全一样。不断有女孩子为了钱展开援助交际或者到约会俱乐部工作。仁藤女士本人也曾在女仆咖啡厅工作过。

> 有一次,店铺经理说给我介绍单独的客人,问我要不要试试看。我觉得这样不行,就拒绝了。但我听说女仆咖啡厅的经营者还开了一家洗浴中心,经常让店里的女孩子两边跑……这是很常见的现象。在那种店挖女孩子的男性都非常温柔细心,很容易让女孩子产生信任。我经常听到很多女孩子本来下定决心绝对不做援交,可还是被轻易骗了过去,等反应过来就

已经被要求卖淫了。

曾经以街头为中心的援助交际平台在管理强化和智能手机普及的催化下,已经转移到了网络上。最近还出现了许多利用青年女性热衷的SNS花言巧语诱其落网的案例。虽然警方对这方面也十分警惕,但由于网络的私密性和个人化,取缔这种行为极为困难。

就像为了赚取学费而开展援交的有贺同学一样,这些女孩大多有跨代贫困的背景。与此同时,还有许多女孩虽然表面上家庭经济宽裕,实际却有隐藏的各种问题。

> 有的女孩在上初高中连读的私立学校,父亲还是大企业的部长级领导。我自己的家庭经济也并不困难,只是父母关系非常差,让我觉得家里没有我的立足之地。有人说贫困并不仅仅指金钱上的匮乏,我认为,我们陷入的正是"关系性贫困"。(仁藤女士)

被一直信任的大人背叛,在家庭和学校都找不到立足之地的女孩们不得不孤独地流落街头。部分"温柔的"男性就这样钻了她们心灵的空隙。女孩一心寻求稳定的关系,却被那些以性和金钱为目的的关系进一步伤害,进而开始自残,使心灵蒙上阴影。

物质性贫困可以用金钱和物品来快速填补,可是没有安居之地,没有可信赖关系的"关系性贫困"却更根深蒂固,更难得到解决。这些发型和指甲做得一丝不苟、妆容艳丽的女孩们通常被认为与"贫困"无缘。可是,正因为很难显现在表面,她们遭遇危险的概率更高,问题也更为严重。

同居的陷阱

女性如果在父母家与家人生活,其中潜藏的问题几乎无法让外人察觉。与男性同居也一样。

最近几年,同居男女的数量不断增加。根据调查研究机构"Recruit Bridal"的调查,2008年订婚前便开始同居的人数占16.3%,其后每年增长,到2012年已经增加到了27.3%。如果将范围限定在首都圈,比例则更高,在2012年占了32.5%。(图1-2)因为这份调查只针对已婚夫妇,如果向所有人询问有无同居经验,这个数字应该还会进一步增加。

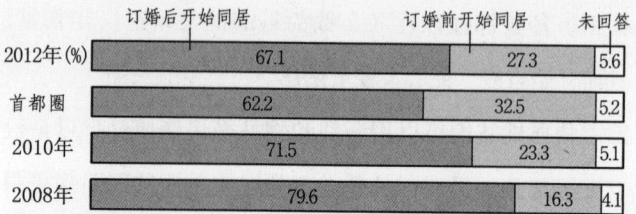

注：此次统计采用寄送调查表的方式，对已结婚或准备结婚的首都圈、东海、关西地区的《Zexy》①读者展开随机调查。图中皆为推算值，2008年的整体统计为各地区样本直接加算的总额。
数据来源：婚姻市场总研

图1-2 一起入住新居的时期

可是，最近的同居本质似乎已经从"婚前试用期"转变为了"合租人的延长"。可以说，越来越多的情侣选择同居是因为房租等生活费用可以减半这类经济原因。从房租更高的首都圈同居率更高来看，可以做出这样的推测。

同样对有同居经验的单身女性进行调查后发现，所有调查对象都因为房租更便宜、此前独居生活存在困难等消极理由选择了与交往对象同居。

金泽阳子女士（36岁），与一起创办NPO的男性同居了将近8年。大学期间，金泽女士和父亲的关系恶化，

---

①《Zexy》，日本的一种婚姻情报杂志。

自此离家开始独居。她同时兼职秘书和公关小姐等为自己赚取学费和生活费，后来开始与在大学福利社结识的男性交往，此后便步入了同居生活。

> 因为我们都很穷，所以马上开始了同居。当时我们都年轻，充满了希望，决定自己建立理想中的NPO。可是起初完全走不上正轨，经常交不上水电燃气费，还要靠我在盒饭店打工的收入来维持。

由于NPO的运营主要依靠自治体①和企业等机构的补贴赞助，因此收入难以稳定。在捉襟见肘、看不到未来的生活琐碎中，两人的关系慢慢冷淡下来。尽管如此，自己亲手创立的NPO还是像孩子一样，虽然两人关系紧张，他们还是搬不了家。

> 他是个唯我独尊的人，经常施以精神暴力，再这样下去我觉得自己可能会崩溃，只好很不甘地放弃了几乎所有权利，离开了那个家。

---

① 自治体是日本国家行政区划的最小单位，具体为"市町村"及"特别区"的基层政府。

就这样，好不容易开始正常运作的NPO全部被前男友独占，金泽女士陷入了既没有工作也没有住处的困境，不过她凭借创建NPO的经验，找到了一份有价值的工作。

金泽女士虽然没有遭受身体上的暴力，但是也有女性即使受到了同居人的家暴也无人可依靠，再加上经济不充裕，只能默默忍受。还有人在十多年的同居生活后，被对方以"要跟别的女人结婚"为由，赶出家门，最终被NPO相关人士发现。如果是正式婚姻关系，还可以依据法律索要抚恤金，但换成同居，手续就变得十分复杂。

由于青年的雇佣状况不稳定，很难实现经济上的独立，男女之间的矛盾也进一步加深。

从以上事例可以看出，对工作不稳定的青年来说，家庭似乎是唯一的"安全网"。尤其对女性，人们普遍认为哪怕她们无业或者工作不稳定，只要跟家人生活在一起就没有问题。

可是，在父母家居住时间的长期化和无限期化往往会造成家庭关系的紧张。如果双亲或者兄弟姐妹们在经济方面也不宽裕，关系就会愈发恶化。甚至在一些情况下，家还会变成"无法逃出的牢笼"和"可能遭到暴力的危险场所"。一些女性为了摆脱困境，甚至不得不宁可流浪也要跑出家门。

由此可见，目前这种"清官难断家务事"的态度，以及把家庭当作庇护所或终极"安全网"的想法，都有必要重新审视。

第二章 藏在家务背后的阴影

辍学成为与社会割裂的开端

还有许多女性因为常年与社会脱节而不得不住在父母家。

田川三奈女士(30岁),目前与父母住在一起,17岁那年因为厌食症及伴随而来的妇科疾病开始抵触上学,最后从高中辍学。

> 我本来就对自己的身材很自卑,被班上的男同学嘲笑以后,就再也吃不下东西了。后来反复住院,甚至失去了上学的勇气。

从辍学到将近30岁这段时间,她都过着近似"家里蹲"的生活。直到最近,在心理咨询师的建议下,她开始每周3天做时间较短的便利店零工。田川女士以前也面试过超市和快餐店的工作,并且得到了聘用,但都没做足一周便辞职了。

田川女士的父亲先后从事过物流运输等各种工作，收入不稳定。母亲则靠做临时清洁工勉强维持生计。

> 我从小就经常被父亲体罚，直到现在他还会对我恶语相向，每天都骂我不好好工作还活着做什么，导致我精神极度衰弱。因为我没上班，平时都会包揽做饭和打扫等家务，如果不好好干他就不准我出门，限制我的出行自由。我很想现在就离开家，但是没有钱，一点办法都没有。为了不惹怒他，我每天只能忍气吞声地生活。

即使想摆脱眼前的困境，也因为没有金钱和精神上的余裕而无计可施。而且高中辍学后，田川女士一直待在家里，完全没有可以倾诉的朋友，这使问题更加严重。

> 我知道自己必须走出去，可是身体却不听使唤。我高中就辍了学，又从来没做过全职工作……所以我很自卑，而且很不擅长处理人际关系。

尼特族、"家里蹲"都是男性！？

"高中辍学后一直不知道干什么，整天无所事事。""求职失败后，一直蹲在家里。""因为上司的职权骚扰而辞职，从此有了心理阴影，无法找工作。"许多青年女性在采访中提到了自己经历过所谓尼特族和"家里蹲"状态。

"冰河期世代30人"中，有过"家里蹲"经验的为9人。辍学的6人（4人高中辍学，2人短大辍学）中，有5人之后一直蹲在家里。其余4个"家里蹲"分别为初中毕业后1人、大学毕业后1人、辞掉工作后2人。

可是，我们在看到"尼特族"和"家里蹲"时，是否通常会联想到男性？"尼特族"和"家里蹲"这些词语的流行可以追溯到21世纪初期。当时就业冰河期尚未过去，非正式雇佣的青年继续增加，可是人们并没有将其视为社会结构上的问题，只是将其归结为青年人因懒惰而不愿工作。

媒体对尼特族和"家里蹲"青年进行了频繁报道，其报道对象也多数都是青年男性。随着调查的展开，人们才开始明白，这些人无法工作并非青年的"自身问题"，而是由于雇佣的非正式化和不稳定化等问题。尽管如此，直到现在,因尼特族和"家里蹲"身份饱受社会关注的主要还是男性。这想必是因序章提到的"作为未来家庭支柱的青年男性"没有工作乃大事的"男主外模式"观念所致。

从统计结果来看,相较男性,女性的失业率和"家里蹲"比率较低。2012年,包含"家里蹲"在内的青年失业人员(尼特族)人数为63万(总务省统计局《2013年劳动力调查》),男女人数分别为40万、23万,女性的数量大约为男性的1/2。

可是这份统计中存在一个巨大的"漏洞",那就是当中没有包含"家务料理"的数据。

厚生劳动省对尼特族(NEET: Not in Education, Employment or Training)的定义是"未从事求学、就职、职业训练任意一项的15—34岁非劳动力人口",并且把"家务料理"排除在外。

根据总务省《2010年劳动力调查(详版)》,未婚女性的非劳动力人口(15岁以上未有从事有偿劳动的人)中,15—24岁的人群普遍在求学(39%)和料理家务(35%),其他则占26%;25—34岁的所占比例则是求学7%、家务52%、其他41%(图2-1)。

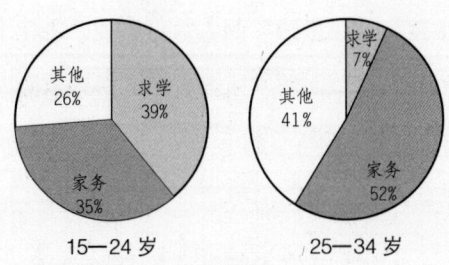

注：这里所谓的非劳动力人口是指15岁以上未从事有偿劳动的人。
数据来源：总务省《2010年劳动力调查（详版）》

**图 2-1 未婚女性非劳动力人口占比
（15—24岁，25—34岁）**

从直观上的统计数据来看，目前没有工作的人当中，15—24岁有三成，25—34岁有五成以上都因为忙于家务而无法工作。

但是仅凭这份统计很难看出她们究竟承担了多少家务和看护等工作。

当然，随着年龄增长，因看护而无法就业的"看护失业"人数会不断增加。尤其在普遍被认为应该承担看护任务的未婚女性身上，这个倾向更为明显。

这个数字非常惊人。很难想象有许多人正在以"新娘修习"的名义"料理家务"。这里面恐怕包含了众多形同尼特族和"家里蹲"的人。可以说,青年女性的尼特族和"家里蹲"问题被掩盖在了"料理家务"的名义之下。

连家人都漠不关心

本间彩女士(19岁),高二时因为没有获得足够的升级学分而辍学。她在学校时有朋友,也没有遭到霸凌,但平时还是不愿意上学。辍学后,她没有工作,也没有继续念书,而是一直待在家里。但是,她并没有一味"家里蹲",而是会正常外出、采购。本间女士家中有父母和兄姐,父亲为政府机构职员,母亲是临时工,生活条件并不算差。

> 我每天有一大半时间在自己房间里用电脑绘图。画都发布在网上,不时会有人来买,所以每个月能有几千日元的进账。

对于本间女士从高中辍学一事,父母并没有特别反对。辍学之后,她可以选择外出工作、回到高中,或是参加大学升学考试。可是本间女士并没有选择任何一种。

> 我没有在外面打工的经验,连面试都没经历过。在兄长的指导下,我有几门大学考试的科目及了格,但是没什么特定目标。我从来不会跟父母谈及未来出路的问题。

她目前只与一名高中同学保持着联络,反倒是在插画网站上认识的朋友更多。仅从本间女士的说法无法判断她的父母是正在等她产生自主意愿,还是仅仅放任不管。但是,她从高中辍学后无事可做,时常闷在自己房间里,这种状态已经持续了三年。本间女士本人和父母都不认为现状存在很大的问题,这可能与本间女士的性别不无关系。

若青年男性一直待在家里不出去找工作,其家人、亲戚和邻居都会将其当成"大问题",社会也极有可能把他看作潜在的不稳定因子。但是换成女性,则不会这样。有时甚至会用"料理家务"这个借口进行掩盖。没错,她们的确多数时候都在分担家务,因此在到达一定年龄前,哪怕足不出户,一直躲在家中,她们自己和家人也都不会觉得有问题。

可是,如果一直与社会失去联结,任由年龄渐长,结果会如何?

2013年,大阪发生了一名31岁女性在家中饿死的惨痛事件。这名女性与患有阿尔兹海默症的母亲相依为命,一次,其母因健康问题被送上救护车,当时这名女性应该在隔壁,并且处于虚弱状态,但救护人员并没有发现。几个月后,邻居才发现异常并联系了警方。这名女性从初中开始逃学,在完全与社会脱节的情况下长大成人,连邻居都没有意识到她住在那里。其结果就是,直到死去她都没有被人发现。

一旦远离了学校或职场,就很难交到朋友,从而缺乏与社会的联系。此外,"没有工作""没有毕业""没有结婚""没有朋友"等会使一个人丧失自信,继而失去外出的勇气,从而陷入愈发孤立的恶性循环。

父亲死后,生活急转直下

武井京子女士(35岁),自从因为校园霸凌而逃学,已经在家里过了将近20年的隐遁生活。

现在想起当年的事情，我还会胸闷气短。我太老实，别人骂得再凶，我也不敢回嘴。

武井女士的父亲经营着一家蔬果店，由于经济宽裕，她还上了私立女子初中。可是她在校内遭到了恶毒的霸凌，一年级还没读完就没再上学了。不过学校还是给她发了毕业证书，后来她又进入了可以自由上学的学分制高中，最终因跟不上学习进度，一年后就辍了学。

有段时间我就待在家里，什么都不做。父母从来没有责怪过我。大约过了一年，我想出去打打零工，就买了招聘类的杂志开始找工作。

武井女士在超市食品卖场、连锁便利店和居酒屋等地方做过零工，但每份工作都不长，有时只做几天，最长的也只有三个月。

我的体力和精神经常跟不上。上学不行，工作也不行……我开始讨厌这个什么都做不好的自己，自我厌恶。

后来，武井女士过了将近10年的"家里蹲"生活。

我有重度洁癖，上个厕所或是洗个澡要花好几个小时。无论擦多少遍，我都觉得不够干净，有时甚至一天能用掉24卷厕纸。如果家人指出我的问题，我就会气得失去理智，对他们施以暴力。这种情况越来越严重，27岁的一天，我觉得脑袋要炸了，就打了119求助。

武井女士被救护车接走后立即住院，经诊断，她患上了强迫症。通过服药与行动疗法，她花了一年多时间才恢复平静。可是，还是无法走出家门工作。

"确诊后，我松了口气。"武井女士说。我从小就有种挥之不去的感觉，好像自己有点不正常。后来知道了到底什么地方不正常，我就有点放心了。

后来，武井女士申请了伤残证，并且做了大约一年的警备员及配膳员工等兼职。可是她30岁那年，身为家庭顶梁柱的父亲突然去世，他们一家不得不关闭蔬果店，与母亲、妹妹一起靠父亲留下的人寿保险和存款维持生活。如今，那些积蓄已经快见底了。

原本外出当临时工的母亲因恐慌症发作没法上班。妹妹虽然正常读到了大学毕业,但是也不找工作,已经足不出户十年了。我现在在面包工厂上晚班,但那只是短期派遣,不知道能持续到什么时候……一想到今后我们一家人可能要饿死,我就特别害怕。

像武井女士这样,因主要收入来源的父亲死去或母亲生病生活急转直下的例子并不少见。现在生活在父母家,勉强能维持生活的单身女性们随时都面临着父母的看护和死亡问题。当这些问题真正到来时,她们该如何生活?

蹲在家中足不出户,经历过逃学或霸凌,无法步入社会工作,这些问题的背后,也可能有武井女士这样的精神障碍患者。

9个有过"家里蹲"经历的人,都或多或少有分离型人格障碍、阿斯伯格综合征、焦虑症等精神问题。她们都是在成年以后才发现自身症状的,也因为这些症状使工作和生活更加艰难。

开始工作前的困难

针对迟迟无法改善的尼特族、"家里蹲"青年问题，政府近年来采取了各种援助措施。2003年出台的"青年自立挑战计划"，除了在全国设置"地区青年支援站"（通称支援站），对职业介绍和就职咨询等方面施以支援以外，还在2010年开始施行《青少年培养支援促进法》，推动了各种措施的改善和落实。

根据2014年数据，日本全国共有160处支援站，起到了促进青年实现社会自立的中心作用。可是，前往这些支援站寻求帮助和参加就业培训的青年通常以男性为主。2014年全国12处支援站的共同调查结果显示，上述支援站的1140位使用者中，男性占64%，女性只占36%。

个中原因，可能是支援站这个项目本身预设的支援对象就是男性尼特族和"家里蹲"，使得女性很难靠近。

事实上，参加过支援站活动的女性都表示，就职训练主要是农业或清扫等重体力劳动，参加起来非常辛苦。此外，参加集训形式的训练时，部分女性还遇到过参加者全部为男性，全程特别是住宿十分不安，最后只参加了一天便放弃的经历。

另外，还有不少女性因为过去遭遇过霸凌和性骚扰，对男性参加者和男性工作人员怀有恐惧，不敢靠近。例如开篇介绍的田川女士，她就因遭到男同学的嘲笑而患上厌食症，不难想象她会对以男性为中心的支援站敬而远之。

女生讲座

横滨市两性平等促进协会于2009年率先发起了专门为青年无业女性服务的"女孩支援事业"。到2014年年末，已经有将近260名女性参加了课程。

参加者中不乏因为家庭暴力或职场职权骚扰而留下心理阴影，对男性心怀恐惧的人。此外，还有部分女性为妇科病等女性特有的烦恼所苦，因此创建一个援助者和参加者全部被限定为女性的组织具有重要意义。

机构内的"工作准备讲座（女生篇）"（以下简称女生讲座）分为两个部分，一是"工作准备讲座"，在课堂上学习基本职场礼仪，二是"实习篇"，在机构内的咖啡厅进行工作体验。参加者可以在为工作体验设置的小爱咖啡厅里，练习如何接待客人和准备餐饮。

图 2-2 "小爱咖啡"的工作体验场景
南太田论坛(横滨南两性平等中心)供图

该协会工作人员植野琉奈女士介绍道:"有很多人处在孤立的环境中,误以为只有自己这样,不能工作都是自己的错。所以,女生讲座在开幕时制定了三个目标:①体验安全感;②获得自我肯定的机会;③摆脱孤立状态。"

最上明日香女士(23岁),接受完女生讲座后,目前正在小爱咖啡厅体验工作。她从小学起就经常逃学,初中的出勤率只够勉强毕业,后来虽然上了高中,却因为留级而退学,最后重新进入定时制高中[①],花了四年时间才毕业。其后,她进入了函授制短大学习记账和商务,

---

① 日本高中的一种形式,以夜校为多,通常每天 4 个课时。

一直到毕业都没有开始求职。

最上女士回忆道:"因为函授大学没有就业指导,我完全不知道怎么找工作,最后就没有赶上毕业季。而且我经常逃学,对自己很没信心,觉得自己肯定找不到工作,所以一开始就没有干劲。"

毕业后,最上女士从事过贺年卡分组等只持续几天的短期兼职,始终没有找到长期工作,在家过着昼夜颠倒的生活。

这样的日子大约持续了两年,母亲向她推荐了女生讲座,她决定来试试。

> 我觉得最大的收获就是能够与人结识。能认识到这么多跟我年龄相仿、拥有同样烦恼的人,我特别高兴。现在我们还保持着联系,每每听到那些女生通过了兼职面试或是结了婚,我都备受鼓舞,告诉自己也要加油。

也是在小爱咖啡厅,最上女士头一次体验了接待客人。

我以前觉得自己不擅长处理人际关系，后来发现只要努力就能成功，这是一个很大的进步。这份兼职我已经做了半年，能坚持下来成了我最大的信心来源。以前我一直把做饭的差事推给母亲，现在我对做饭也产生了兴趣，有了很多自己做饭的机会。这份兼职还有两个月就结束了，所以我一有空就到HELLO WORK去，重点寻找文员类的工作。

2014年，横滨市两性平等促进协会对从2009年女生讲座创立到2012年的所有参加者进行了追踪调查，其中有效回答为62人。

她们平均年龄30岁，独自生活的人数只占一成多，绝大多数女性都与家人一起生活。其中短大或大学学历者占63%，呈现高学历趋势；辍学者占28%（高中辍学7%，专科、短大、大学退学21%），比例也较高。同时还了解到，曾经遭到过同学霸凌的占48%，1年中逃学超过1个月的占35%，可见校园生活受到挫折的人较多。

另外，在询问家庭内部经历的项目中，45%的女性回答"基本足不出户的状态已经持续半年以上"，也就是将近半数调查对象有过"家里蹲"的经历。除此之外，

"父母对大事小事都横加干涉"的占43%,"曾经遭到父母手足等家人的暴力、虐待"的占18%。

在工作遇到的困难方面,60%的女性"人际关系处理不好",31%的女性"遭受过职权骚扰",21%的女性"遭到同事霸凌",可见许多人都遇到了工作场合中的人际关系问题。

身体状况方面,觉得自己"可能有问题"的占了86%,表示"精神不适"的人占了68%。尽管她们对精神状况感到不安,还是有57%的调查对象两年以上没有接受过体检。失业或雇佣情况不稳定可能也与其缺乏职场经验有关。

综合以上可以看出,女性失业者学历相对较高,学龄期出现逃学或遭受霸凌的相对较多,超过一半女性住在父母家中,其中不乏受到家人过度干涉或暴力、虐待的人,因此父母家不一定是能够让她们安心居住的场所。可能正是由于这些经历,多数调查对象在人际关系方面并不顺利,甚至影响到就业。

我们发现,许多人在家庭和学校这些就业的前期准备阶段就遇到了重重困难。一部分人还有精神方面的问题,这让我们意识到支援不能仅仅停留在就业层面,还要进一步延伸到包含生活在内的精神层面。
(该协会工作人员植野女士)

该调查还发现,讲座结束后,七成参与者前往支援站和HELLO WORK等支援机构进行了咨询,超过六成参与者在讲座结束后表示"找到了有收入的工作"。这些"有收入的工作"中,打零工占74%,正式员工占3%,"目前正在上班"的人占47%。此前从未工作过的人中,超过一半正在从事连续性工作,可见讲座成果卓越。另外,从雇佣形态来看,非正式雇佣者超过一半,她们的自立之路依旧坎坷。

这本来就是个就业困难的时代,参加完讲座的人很难马上就找到工作。此外,考虑到还有超过四成的人至今仍然待业,今后的跟进工作也要切实进行。经常有人提出,希望能和烦恼相似的人保持联系,希望有一个能够单独进行咨询的地方。(植野女士)

讲座原则上以40岁以下的女性为面向对象,参加者也主要集中在20—39岁年龄段。可是，第二次婴儿潮世代的人（1971—1973年）目前已经超过40岁，尼特族的高龄化成为问题，据此可以推测，许多超过40岁的女性也同样面临着生存困难与工作困难。

> 针对40岁以上的女性，我们有育儿支援、再就业支援、单身母亲支援等项目，但是几乎没有专门针对未婚待业女性的项目。所以，现实中应该有许多深感孤立的当事人。今后，我们希望把这样的人群也纳入支援范围，争取成为连接她们与社会的桥梁。（植野女士）

埼玉县的方针

横滨市"女孩支援事业"首先发起了为生存与工作面临困难的青年单身女性提供支援的行动，其后，日本各地的两性平等中心也陆续开展了类似的行动。

埼玉县两性平等促进中心（with you 埼玉）从2012年开始，为40岁以下、生存与工作存在困难的女性定期举办就业支援讲座。讲座分为十二讲，教授商务礼仪、电脑技能、工作经验等知识,并且提供面试咨询,内容极为丰富,可以让学员按照自己的节奏为就业做准备。

阪口香莲女士(27岁),初中时因强迫症辍学,此后几乎没有工作过,她就是最近参加讲座的一名学员。她以前试过做快餐店和便利店的零工,但是因为患有强迫症而对细节过度关注,导致工作无法完成,最终只干了一天就辞职了。没有高中文凭和工作经验让她很难积极起来。后来在讲座上认识了与自己同龄的伙伴,自信开始一点点恢复起来。

> 我打算今年春天就去上高中。因为是函授制,可以按照自己的节奏来学习。待在家的那段时间,我总感觉茫然和不安。虽然听完讲座并不能马上就能找到工作,但我开始相信一定有适合自己的工作了。感谢讲座,给了我前进的力量。

部分女性现在还可以依赖父母,可是再过十年可能会时过境迁。当她们不得不面对父母的照护和死亡问题时,究竟该如何继续生活?没有结婚、生育,只做过非正式雇佣工作,无法离开父母独立,正因为当事人及其

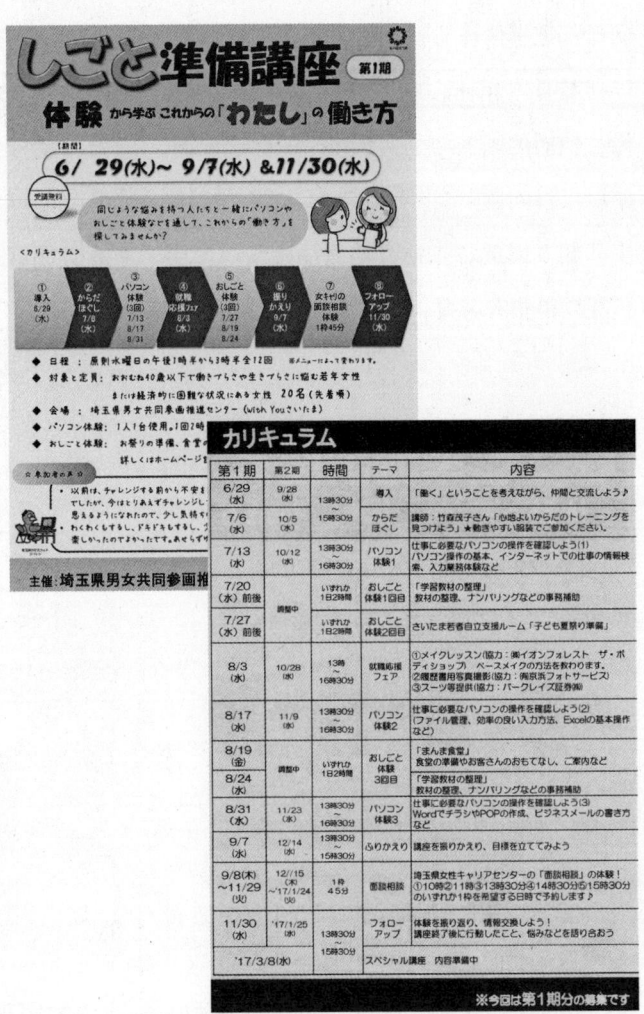

图 2-3 埼玉县两性平等促进中心制作的"工作准备讲座"宣传册及课程设置（2016 年）

父母都把事情怪罪到自己头上，才很难对外部求援。

与日本相比，欧美各国青年普遍在成年后便离开父母，他们的国家与个人都很少依存于家庭，"是自己父母家所以没问题""将来肯定要结婚"的思维方式并不能解决问题。因此，正视女性因住在父母家而被遮蔽的贫困情况变得很有必要，政府也应建立相应的支援机制。

第三章 正式员工也困难重重

工作到倒下的女性们

2008年,和民食品餐饮服务公司的一名26岁女性正式员工入职两个月后因过劳自杀。此事引起了媒体的广泛关注。经调查发现,该员工几乎没有接受入职培训就被分配到店铺,负责厨房的部分事务。她下午3点开店前必须到店,一直工作到凌晨3点以后,周末忙的时候甚至要到早上5点,每月加班时间高达140个小时,远远超过了80个小时的过劳死认定基准。此外,打着志愿者旗号进行的无偿劳动和早间研习也非常多,几乎没有时间休息。劳动基准监督署将这一事件定性为过劳自杀,死者家属向法院提起诉讼,要求赔偿。到2015年年末,公司以支付1.3亿日元和采取措施防止同类事件再次发生为条件与家属达成和解。

不仅是她,2009年,备受年轻人欢迎的时装厂商十字公司(现更名为条纹国际)也发生了女应届毕业生入职后仅5个月就被指派为店铺负责人，后因过劳和压力死亡的事件，并获得劳动事故认定。

曾经，过劳死和过劳自杀被视为拼命工作的男性职员的象征，似乎与青年女性无缘。她们是怎么被逼到自杀地步的？

"没日没夜地干活，身心俱疲之后得了抑郁症……"以青年为中心展开劳动咨询的NPO法人POSSE每年都会接到超过1000件这样的咨询。经统计发现，男性与女性在咨询数量和内容上几乎没有差别。

据POSSE的工作人员透露："咨询最多的就是长时间劳动和没拿到加班费，这点不分男女。"不断有人由于过劳而陷入抑郁，因找不到人倾诉，只能打电话给他们。

谷由贵子女士（28岁），大学毕业后进入一家中型企业。由于大学入学较晚，谷女士找工作时吃了不少苦，最终获得正式员工的内定。她在公司附近租到一间公寓，正准备意气风发地展开工作，没想到等待她的却是一份疑似黑心企业的雇佣协议。

她在完成试用期，准备在雇佣协议上签字时，才发现薪金里有固定加班费这一项。所谓固定加班费，就是事先设定好加班费用，即使加班时间超过设定值，也不再另行支付。这是黑心企业为了控制人工成本，掩盖长时间劳动常用的手段。

谷女士为了维持独居生活，一开始被企业提出的"月薪20万日元起"吸引，最后却发现里面包含了每月固定加班60个小时的6万日元加班费。扣除税金和退休准备金等费用，到手只剩下15万日元左右。尽管她发现这跟开始说的不一样，但是已经无法回头，只得在协议上签字。

试用期结束后，谷女士被分配到了需要接电话到深夜的客服中心。到岗后，她开始了日均12个小时的长时间工作。此外，公司还以谷女士住得近可以步行上班为由，频繁给她深夜排班。

> 谷女士第一次联系POSSE时，还能条理清晰地说出自己的处境，可是过一段时间再打过来的时候，一开口就是哭腔，感觉精神已经被逼到了崩溃边缘。她还提到自己包里不知不觉出现了图书馆借来的书，桌上也会莫名其妙地冒出一瓶蘸面汁……这些虽然都有小票，可她完全不记得，她害怕极了。（POSSE工作人员）

后来，谷女士的精神状况最终严重到无法上班，不得不中止工作去医院接受治疗。难道在情况恶化之前，她没有想过办法吗？为了工作刚刚搬到一个新地方的她，既没有倾诉的对象，又不能依赖独自将她抚养成人的母亲；因为连续的深夜排班，她还没有时间和体力寻找新的工作。想起之前迟迟没拿到 offer 的毕业季，很难想象自己能轻易找到下一份工作。四面楚歌之下，她怎敢提出辞职？

压榨新人的黑心企业

每次与二三十岁的女性交谈，我都会惊讶于竟有这么多人在黑心企业工作过。"黑心企业"这个词已经在全社会普及，是指强迫员工从事过度劳动，危害劳动者身心的企业。从狭义上说，主要指大量招聘青年员工，通过长时间劳动使其不堪重负、不得不离职的企业，新兴产业中尤其多。

上述组织 POSSE 的代表今野晴贵在《黑心企业》(文春新书，2012 年)中提到：黑心企业的手段主要有两种。一是"筛选型"，员工入职后强迫其加班，从而筛选能够忍耐长时间劳动的顺从者。另一种是"即抛型",以员工很快就会离职为前提,强迫其在严苛的条件下工作。

小田由纪女士(28岁),大学毕业后被一家大型通信企业录用,进入没有调动的地区限定型行政岗位。那家企业就是典型的"筛选型"黑心企业。该企业在全国各地录用的新员工约有200人,其中大多数在入职几年后辞职。

正式入职前的试用期就堪称斯巴达了。公司要我们在很短的时间内背诵社训和社歌,背不下来就当众痛骂。上面的人说:"设置试用期的目的就是为了摧毁个性。"有的人甚至在集训中途就逃走了。

虽然每月薪金有20万日元,但仔细分析就会发现,那份薪金里包含了每月45小时的加班费。她被分配到营业部门后,就开始了每天超过12个小时的长时间工作。

我负责的是电话营销。公司规定了很夸张的营业额目标,我不得不休息日也来上班,拼命打电话,但是根本完不成任务……感觉周围的员工都在拼命完成自己的任务,谁都没时间来教我。我到岗一个月后,公司就发出了调动令——实际上就是裁员。

公司虽然发出了调动通知,但并没有定下调动地点,小田女士只能在家里等进一步通知。

那段时间被视作缺勤,工资也没有足额发放。我等了一个月,公司还是没有任何通知,我这才反应过来他们不要我了,便在7月末办了离职。那份工作是我毕业后找了一年才找到的,我也很想一直做下去,只是如果继续下去,我的精神可能会出问题。

独自居住在地方的小田女士马上开始寻找下一份工作,但是情况并不理想。

很多人都把入职3个月就离职和忍耐性不强、过于任性挂钩,所以和我有类似境遇的人很难找工作。

像小田女士这样大学毕业后很快就离职的还有很多,

他们都被称为"第二应届生"。虽然现在有越来越多的企业积极录用这些群体，但主要集中在大城市，像小田女士居住的地方城市工作岗位本来就不多，就更别提"第二应届生"转职市场的确立了。于是，小田女士决定到母校的就业办公室询问是否有适合她的岗位。没想到，听完小田女士的情况，就业办公室职员的回答令她大吃一惊。

那个人说："还有几个人也是没干多久就离职了，我一直觉得那家公司有问题。"我很惊讶，既然他们知道，为什么不在我们入职前说呢？在我东奔西跑找工作的时候，是就业办公室把那家公司介绍给我的，还说学校每年都有几个毕业生入职。……

小田女士又找了几个月后，存款耗尽，不得不回到父母家。

我家在更偏远的地方，根本没有工作机会，只能做些短期兼职。当时我每周当几天文员临时工，晚上则在饭馆打工。我想攒钱到大城市去，可是临时工的时薪很低，地方又偏，汽油钱是一大笔开销。父母供我读到了大学，我却只能在老家打零工，我羞愧极了，难受极了。

一路下滑

当发现入职的公司是黑心企业时，当意识到继续这份工作会使身心受到严重损害时，能否毅然辞职很关键。如果有父母或存款这样的"安全网"还好说，如果是独居，没有可以提供经济支持的家人，境况就会直线下滑。

田口由纪子女士（34岁），在遭遇职权骚扰被解雇后，一直找不到工作，一度被逼到领取低保的地步。

从艺术大学毕业后，田口女士一边打零工一边积累舞台经验，并在30岁那年成为正式员工。她工作的地方是一家小型福利相关企业，但是事务所没有打卡制度，也没有加班费这一说。

> 每次我打算准时下班的时候，上面就会突然推过来一大堆工作。比如把社长持有的名片按照五十音顺序录入。一旦惹恼了老板，他就会甩给我一句

"你不用来了"。就这样,公司在不断地用新人顶替老员工。

田口女士在一次反驳后,第二天就被逼写下了辞职信。

我知道迟早会轮到自己,就提前找了个以个人身份加入的工会,然后以公司没有发出解雇预告通知为由进行抗争,最后得到了一笔赔偿金。

虽说有工会协助,但与唯我独尊的老板争论解雇问题还是让田口女士身心俱疲。然而她并没有时间休息,她必须马上开始找新的工作,3个月后,她被一家医院录用为前台。

我去了之后是正式员工,待遇也不错。要负责前台接待,可是到了晚上人手不足的时候,上面还会让我查看患者的输液情况,还得调配药剂……那些明显是医疗行为。我越来越害怕,很担心发生什么事,就去问了一位药剂师朋友。朋友告诉我:"很明显那是违法的,最好在出问题前马上辞职。"

于是,田口女士再次通过 HELLO WORK 重新寻找工作,然而迟迟没有结果。

后来我连生活费都不够用了,便开始寻找日结的工作,最后做起了临时派遣。但是派遣公司的支付窗口每天都变。

田口女士住在东京郊外,每天5点起床,花将近两个小时前往千叶站等班车,然后在商品配送厂一直工作到傍晚5点,有时光是领取薪水就得坐车去横滨,而且交通费全部自理,她当然想避免这种情况,然而,她并没有其他选择。

我父亲已经去世了,母亲和弟弟同住,经济上没法依赖他们。所以,我现在就是做一天和尚敲一天钟,连找工作的时间都没有。前段时间,政府推荐我申请生活保障,我就申请了短期的,不够的部分再用临时派遣来补。我当时一下就放心了,这样能勉强撑过今年,那种感觉我到现在还记得很清楚。

现在,田口女士退出了生活保障金申领,正在某公共组织当派遣工。

我在十几家公司做了登记,好不容易才找到这份工作。虽然将来还是没有保障,现在的生活也捉襟见肘,不过这家公司同事关系很融洽,我已经很知足了。

在日本,成年女性若想独立生活困难重重,职权骚扰、疾病和人际关系问题都会成为导火索,令女性们的境遇一路下滑。对青年女性来说,如果没有可靠的家人做安全网,留给她们的就只有领取最低生活保障这一条路。

为付房租而上门卖淫

川内夕实女士(27岁),大学毕业后进入一家时装公司做正式员工。川内小姐本来就喜欢时装,满怀期待入了职,但是分配店铺后,马上遭到了上司的职权骚扰。

那是来自女性前辈的骚扰。她时时刻刻监视着我的一举一动,如果营业额上不去就会破口大骂。我的精神被逼到了崩溃的临界点,刚入职两个月就辞职了。

川内女士出生于四国地区,从关西的大学毕业后,不顾母亲叫她回乡的要求,坚持来东京工作。

因为父母很严格,我一直都有回到家乡就要完蛋的警惕性。辞职后我恨不得马上找到下一份工作,可是心情一直难以平复,迟迟没付诸行动。

来东京时借钱支付的租房押金和礼金①,又购买了一系列生活用品,川内女士很快就陷入了经济困境。

就算待在家里什么都不做,也要交房租和水电费,结果我的账单越积越多。再这样下去,电和煤气

---

①在日本租房,月租之外,还需缴纳押金、礼金、杂费等。其中礼金是日本特有的文化,作为租客对房东的谢礼,原则上为一个月的房租,退房时不予返还。

就会被停掉,房子也不让住了,我只能匆匆忙忙开始找工作。

可是,只靠零工来支付房租、返还欠款可以说是杯水车薪,就算运气好找到了正式工作,也要一个多月后才能拿到薪水。

当时我注意到了陪酒女和上门卖淫这种色情服务工作。一般来说陪酒女的门槛比较低,可是我刚在全是女人的时装类工作中败北,对到酒吧去工作没有信心,便想到了上门卖淫。我一直都不敢打电话,往往拨完号码就挂掉了……如此重复了许多次。

终于下定决心拨通电话后,对方趁热打铁,对她说:"现在就面试吧,可以到你家附近去吗?"

我一直担心接电话的人会很可怕,所以当时听到那句话就愣住了。当天跟工作人员见面后,发现他特别亲切,会提前想到我可能怀有的困惑和不安,主动为我解答。我觉得这样应该没问题,就答应马上开始工作了。

川内女士加入的是无店铺运营的上门色情服务。现在由于《风营法》（风俗营业等管制及业务正当化等相关法律）的规定，风俗店铺的新建和增改建都受到了限制，越来越多的人开始采用无店铺经营。由于没有实体店铺，女性们都要坐在车中等候工作安排，一旦有客人下单，就驱车前往酒店。与店铺经营相比，这种经营方式很难受到工作人员的监管和保护，女性遭遇危险的可能性更高。

> 有些客人很过分，好几次我都吓坏了。好在及时用手机联系了工作人员，他们赶过来救了场。可是，我心里时刻都在担心万一客人是坏蛋怎么办，很难摆脱这种恐惧感。但是，只要发生一点不愉快，工作人员就会特别担心我……这是我在上一份工作中从来没有经历过的，所以特别开心。

为了缴纳房租和返还欠款，川内女士现在每周五天不分昼夜地工作。

我就觉得现在要拼命赚钱。在车上等待时虽然也有其他女孩子和司机在一起，不过大家也就聊点不痛不痒的话题，所以十分轻松。我这人比较不擅长处理人际关系，这样的距离感对我来说刚刚好。虽然我也不擅长应付客人，但总体来说这样的职场还是比较好应付的。

可是工作半年后，川内女士的身心就崩溃了。

我感觉就像没电了一样，躺在床上起不来，什么都吃不下去，体重迅速下降……工作人员特别担心，还给我送饭来，但是我一点都不见好，再加上也存了一笔钱，就决定先休养一段时间。我一直对自己说没问题，但是那半年，我的身心可能都处在濒临崩溃的边缘。

现在，川内女士正以合同工的身份在一家服务公司工作。

这份工作就是文员。由于上门卖淫的工作，我现在对大部分男性都有强烈的厌恶感。男性上司虽然经常说疑似性骚扰的话，但我每次都冷眼相对。现在这份工作没有值得信赖的人，也没人会替我着想。一想到这里，我就觉得还是以前卖淫幸福一些……直到现在，我也偶尔会有特别想回去的想法。

众所周知，性服务业的工作人员对女性非常和蔼可亲，虽然那是出于不希望这些"商品"逃走的盘算……但他们会倾听女性的烦恼，还会在女性患病时上门看望，用这种温柔举动俘获女性。性服务业已经成为贫困与孤独的单身女性们在城市一隅的"安全网"，可谓不争的事实。

不断增加的精神障碍与霸凌

"冰河期世代30人"中，有过正式员工经历的有14人。其中11人由于过劳导致的身心疾病、职权骚扰和霸凌等辞去了正式工作。

其后，又有不少人因为身体状态无法复原而长期就医，由于工作效率低而缺乏自信，或是职权骚扰导致心

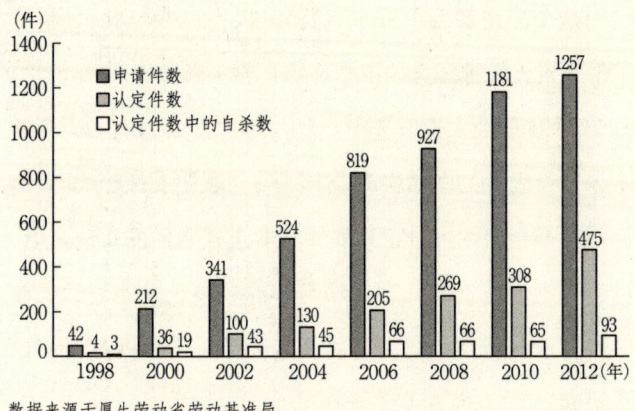

数据来源于厚生劳动省劳动基准局。

图 3-1 精神损害等工伤赔偿情况

理创伤,想工作却无法工作。工作给她们带来的巨大压力本来就令人惊叹,但这一倾向对青年女性来说并不少见。

申请工伤赔偿的案件中,精神损害的案件数量自 1999 年以后持续大幅上升,1998 年为 42 件,到 2012 年上升到了 1257 件,涨幅将近 30 倍(图 3-1)。2007 年以后,申请过劳死判定的案件中,精神损害(过劳自杀)和心脑疾病等(导致过劳死)的数量也开始上升。

工作导致精神损害的发生件数大幅增加,其背景可能是人们对精神健康方面的知识和关注逐渐高涨。可是,仅用这个理由解释上升率远远不够,更应看到的是给员工带来巨大精神压力的工作环境正在不断肆虐。

"全国职业女性服务中心"(ACW2)每月有六天开通专为女性服务的电话咨询业务——"职业女性热线",他们每次都会接到大量正式雇佣和非正式雇佣的女性来电。过去,她们咨询的内容大多与解雇、停止雇佣等的雇佣关系有关,现在,职场霸凌和人际关系的咨询数量超过了四成。

2010—2014年接到的1945件咨询中,语言暴力霸凌的咨询有274件,职权骚扰等人际关系矛盾有541件,解雇、停止雇佣等雇佣关系咨询有323件。提到职权骚扰,通常被认为是来自上司的霸凌,但是也存在工龄较长的非正式员工对正式员工的霸凌,以及非正式员工之间的霸凌。中心分析称:"由于交接和培训并不充分,所有人都在过劳,还出现了同事之间因为压力而产生摩擦,甚至互相伤害的情况。"

因精神损害申请工伤赔偿的件数开始增加的1999年,因为《男女雇佣机会均等法(修订案)》的出台,《劳动基准法》针对女性保护的规定被撤销,男女都可以长时间劳动和深夜劳动。同时，人们对成果主义①关注的热情更为高涨，日产的卡洛斯·戈恩也是在这一年引进了成果主义。

其后，由于经济下滑，非正式雇佣增加，雇佣形态逐渐分化为正式工、合同工、派遣工、临时工、日工，等等。"宽松职场"不复存在，企业开始追求成果可视化。由于职工自己的状态本来就很紧绷，更不能容许他人的"不愿做"和"做不到"——如此一来，职权骚扰和霸凌开始在职场滋生。

在毫无余力的职场上

浅贺美树女士（28岁），就经历过职权骚扰和霸凌。她读女子高中时曾遭受过恶毒的霸凌，甚至自称"我可能是不得要领，容易被误解的类型"。

浅贺女士希望从事与福利救助相关的工作，便在大学毕业后成为某福利社的职员。那是一家运营日间看护所和工作站等众多设施的法人机构，浅贺女士被分配到

---

①即用业务成果来进行员工评估，决定报酬和晋升的制度。

了每月有一半时间要值夜班的智力障碍儿童看护所。

> 每天早上5点要起床做饭,然后一整天都要照顾孩子。过夜的时候只有我一个人,根本没时间休息。后来我身体实在吃不消,半年就离职了。

当时因为经济略有回暖,针对职场新人转职的招聘会较多。于是,浅贺女士又去了一家大型便利店公司做文员,并于翌年4月入职。然而,很快她又遭到了课长的职权骚扰。

> 我入职了大约半个月,他就开始把我叫到单间里,气势汹汹地说我工作太慢,给大家添麻烦。还说我在更衣室闲话太多,止汗喷雾喷太多,带去上班的东西太多……把各种跟工作没有直接关系的事情都说了个遍。其中有好多事是别人告诉课长的,这让我备受打击。

从此,浅贺女士被无视,课长甚至常常不给她分配工作。尽管如此,她还是主动分担复印文件、倒茶、整理资料等部门内部的杂务，积极参与到工作当中。

入职第二年的某天，浅贺女士接到了调动令。

　　课长把我叫过去说："你下周开始到底下店铺去。"因为实在太突然，我甚至来不及考虑辞职。店铺工作就是在便利店负责接待客人、陈列商品，要穿着制服跟兼职人员一起排班。而且，我被分配的店铺就在总部大楼楼下，会频繁遇到同期和同事。太憋屈了。

浅贺女士回想道，公司从未有过文员被调到店铺的先例，可见那是明显的左迁，毫无疑问的裁员式调动。

早班时必须凌晨5点出门，晚班则要一直工作到深夜。再加上店铺还极力控制兼职人数，她不得不连续轮班，有时出来上早班，却要乘末班车回家。

　　我很想尽快找到下家然后辞职，可是完全没有找工作的时间。因为疲劳得不到缓解，经常陷入情绪低谷，朋友开始劝我去看精神科医生。后来我去了医院，被诊断为抑郁症。

浅贺女士此后停职半年，其间工作找得并不顺利。她跟父母和弟弟一起居住，父亲刚刚被裁员，于是家中开始要求她交钱。

大约一年半后，浅贺女士辞职，跳槽到一个财团法人单位。

> 那是我盼望已久的正式文员工作。那份工作要在很短时间内跟准备离职的人做好交接，但我记性不好，还没等我学会，那个人就离职了。结果我给别的员工添了很多麻烦，他们告诉我，"我们是微型企业，没有余力照顾你这种人"，于是3个月试用期结束后，我就离开了。

后来，她又找了两份工作，同样在试用期就被辞退，现在还在寻找下一份工作，同时做着每周三天的保育助手兼职，休息日再到超市从事试吃销售，好向家里缴纳生活费。

> 因为连续好几次试用期间被辞退，我彻底没了信心。再加上跟母亲关系不好，我很想离开家，可是

现在这个情况有点困难。

面对较为复杂的采访提问时,浅贺女士会反问,"具体来说是什么意思?"诚恳而又较真。一旦采访者的意图传达清楚,她就会明确细致地说明情况,整个过程流畅而简练。另外,她持有药剂注册销售员和社会福祉主事等资格证书,在职场上应该比较有利。

但是反过来,她确实存在不得要领、需要花时间理解问题的不足,可能因为这样她才会屡屡试用期就被辞退。但只要耐心细致地教导,浅贺女士完全有能力掌握工作技能,然而当前很少能遇到有这种余力的企业,结果就是她屡遭周围人的反感和排斥。

使用残障人士名额工作

草柳明子女士(47岁),原本是工作稳定的地方公务员,但因为职场压力而无法工作,目前以残障人士雇佣这个非正式形式工作。她从短大毕业并接受公务员考试时,日本正值泡沫经济高峰。草柳女士谦虚地说:"公务员其实不怎么吃香。"

入职后，每2—3年就会有一次工作调动，她陆续在税务课、劳动课等部门待过。

> 我的工作主要是总务和会计，可是每次调动部门，工作内容都会大不相同，要花很多工夫才能习惯。尽管如此，一点一点完成工作还是让我过得十分充实。

经历过四次调动后，29岁的她被分配到了水道课。

> 那里跟之前的部门大不一样，一大半都是跑外勤的职员，所以很多工作就落到了我这个负责事务处理的人头上。因为当时29岁了，人们把我当成老职员，没怎么交接就让我承担了很多工作。

她必须短时间内处理完不断送来的、堆成小山的会计凭证，只有提高速度才能完成任务。其他职员都十分忙碌，没有时间教她。而外勤职员则一直责骂她手脚太慢，草柳女士变得越来越畏缩。

我本来学东西就慢,要花时间才能记住。因为实在受不了给周围的人添麻烦,又担心今后没法顺利干下去,我就去找上司商量。结果上司只扔给我一句"这是你没有干劲的问题"。

她拼命想跟上节奏,但无济于事。同事对她的谴责日益激烈。

我被逼得越来越紧,后来出现了失眠症状。坐在回家的电车上,我经常会想:"干脆就这样消失算了。"

在那样的情况下,草柳女士决定找她在劳动课工作时认识的咨询师商量商量。

对方劝我到精神科看看,我去了之后,被诊断为心因性反应症,于是我就停职了。

所谓"心因性反应",是指心理上承受了巨大压力或打击导致的暂时性精神损害。这显然是因为跨部门调动造成精神压力过大所致,只要再调动到别的部门,草柳女士极有可能痊愈。

我提出了调动申请,可是他们说我复职之后还要留在原来的部门,因为不能破例。尽管如此,我还是得到了一定照顾,工作内容上有所变动,从追求速度的会计凭证整理变为了总务和杂务负责人,总算能回去工作了。

上级还批准她缩短工作时间,这使草柳女士可以一边就诊一边慢慢恢复。可是她复职第二年,工作机构就开始了大规模的裁员。

办公室的人越来越少,原本两三个人的工作都要由一个人来完成了。

那时正值21世纪初期,长期的经济低迷和小泉政权施行的结构改革路线导致了"公务员批判"风潮[①]。

[①]指21世纪初日本社会舆论对公务员的工作和政策(花纳税人的钱)、地位和待遇(哪怕加班严重,也被认为工作稳定轻松,社会地位高)、丑闻等方面的过度批判现象。

从那时起，对草柳女士的批判逐渐激化，甚至呈现出了"职场霸凌"的态势。

还有人对我毫不遮掩地说"不要借病偷懒""你的存在就是麻烦"。我有时候身体不舒服到休息室休息，还被说过"这里要打扫了，你给我出去"……

后来，草柳女士被逼得没法上班，只好决定再次停职。然而就在她去办理停职手续时，上司却对她说："如果不能复职就会被视作解雇，这会影响到你以后的职业生涯。为了你自己着想，干脆写辞呈吧。"

  我又没有要辞职，却有人对我说接任的兼职人员要来，碍着地方了，把我桌上的东西全都装进了纸箱。我不想辞职，可是实在没办法，只好递了辞呈。

草柳女士辞去公务员后休息了一段时间，之后一边调理，一边找工作。因为她有十几年的文员经验，工作比较容易找，但是要成为正式员工，情况就不一样了。

  很多人都会用狐疑的目光看我，仿佛在问为什么辞去了公务员？是你有什么问题吗？这让我很痛苦。

草柳女士一边打零工一边找工作,最后被一家连锁药店聘用为正式员工。她的工作是录入问诊单等药剂的相关资料,可是一个月后,试用期还未结束,她就被辞退了。

因为不懂医疗专业术语,没法在键盘上盲打,导致录入效率很低,给别人添了麻烦。公司说等不了我慢慢成长,这让我感到了沉痛的挫败。

药店本来看中了草柳女士的工作经历和40岁的年龄,打算让她立刻上岗,后来发现当初估算失误。
其后,草柳女士在市政府做了几年的短期兼职。

那是工作两个月休息两个月的勤务形式,这样雇主就无须支付社会保险了。再这样干下去收入实在无法保证,我焦虑极了。

在此期间,她依旧定期造访 HELLO WORK,或是到求职研讨班去学习电脑技能,不断应聘正式员工,但结果并不理想。

草柳女士与父母居住，但是父亲已经80多岁，母亲也已经70多岁，不能一直依赖二老。

于是，为了今后的生存，她决定开始以残障人士的身份找工作。草柳女士辞去公务员后一直在接受治疗，并领取了三级精神障碍人士证书。她在HELLO WORK的残障人士雇佣专区求职，不久就被一家大型零售店录用，并在店铺工作了将近五年。

  我主要在后院打包，有时也会到店里。以前我的工作主要是文员，但现在觉得待客的工作也很开心。店里大家都很和睦，没什么压力。周围人都知道我是以残障人士的身份工作的，但我并没有因为这件事得到过怪异的对待，人们反倒对我关照有加，我很感谢他们。

她的工作性质是临时工，时薪1000日元左右，每月收入约有11万日元。

  我最担心的还是收入。因为毕竟父母年纪大了，我很担心以后。即便这样，我还是坚持干了快5年，有了一点自信,今后我会继续努力,不断向前。

草柳女士终于走出了漫长而痛苦的阴霾,目前正在充满活力地投入工作。可是她原本处理事务的能力就高,又善于为他人考虑,这样的人竟要选择使用残障人士名额才能得到雇佣,这背后暗示了什么,发人深省。

即使成了正式员工

本章列举了一些有过正式雇佣经验的女性,她们学历都很高,即使处在就职冰河期也能找到正式工作。可是其中大多数人都遭遇了过劳、职权骚扰和霸凌等问题,不得不很快辞掉工作。

她们都有过向100多家公司递简历都没有得到试用的残酷求职经历,深知跳槽之不易。

尤其是现在20—30岁的青年从小就对大人们的说法耳熟能详,知道与正式雇佣相比,非正式雇佣在生涯工资[①]和待遇等各个方面都非常不利。在这样的背景下,即

---

①指年轻、年长的工资合计,即员工从就业到退休的一生工资总额。

使对收到offer的公司的条件和待遇存有疑问，恐怕还是会有很多人为了避免成为"应届非正式"或"应届失业"人员而选择入职。

日本多年来都是以毕业后无缝入职的应届毕业生统一聘用模式为主，青年雇佣状况相对稳定。可是由于经济长期不景气，应届毕业生的就业率持续下降，号称就业冰河期触底之年的2003年，就业率仅有55.1%（文部科学省《学校基本调查》），创下历史新低。

在这种情况下，各高校也为提升就业率而积极展开工作，若为此将毕业生送进疑为"黑心企业"的工作环境，可谓罪孽深重。

为解决黑心企业问题，厚生劳动省要求面向应届毕业生的招聘及HELLO WORK的招聘页面明确标明过去三年的录用和离职人数。虽然不是强制，但不标明的极有可能被视作黑心企业。除此之外，还加强了企业的指导监督，开设了咨询热线等。

部分高中和大学还开设了劳动者权利科普课程，但是很多学校在将学生送进企业之后就基本不闻不问了。因此，就业市场长年保持着初中毕业生七成、高中毕业生五成、大学毕业生三成的三年内离职率（图3-2）。获

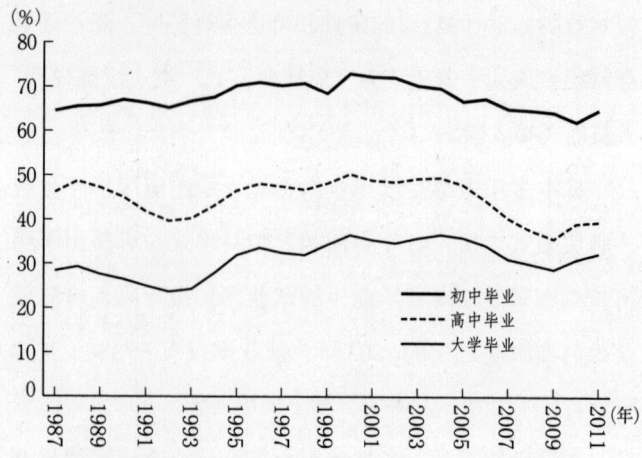

注:该表以雇佣保险受保人记录为基础计算得出。
数据来源于厚生劳动省

图3-2 初中、高中、大学毕业三年内离职率(七五三现象)

得内定固然重要,但是为了防止学生很快就离职,防止学生误入黑心企业,校方是否还有许多需要完善的地方?

从女性们的谈话中可以得知,许多黑心企业中的大量雇佣和大量离职并没有那么明显,而要实际工作才能发现其中的职权骚扰、霸凌、人际矛盾等问题。这与成果主义的思潮和不再宽松的职场环境有关。可是,许多女性都倾向于把责任归结到自己身上,认为自己"工作熟悉得慢,所以才被欺负""缺乏体力是自己不好"。

除此之外，还有许多女性因为遭受职权骚扰、霸凌等形成心理阴影，连持续工作都极为困难。拥有工作能力的人无法工作，这不仅对个人是一种损失，对社会也是巨大的损失。

学历高、得到内定从而处于相对优势的女性们也面临着同样的情况。可以说，女性独立工作的道路还异常艰险，其必然性和重要性本身尚未得到人们的理解。

第四章将聚焦处境更为严峻的非正式雇佣女性来探讨。

第四章 非正式雇佣的负面连锁

学历与非正式雇佣率

21世纪第一个十年以后,雇佣的非正式化趋势不断加剧,每3名劳动者中就有1名非正式雇佣。东证主板上市企业从2014年起连续三年加薪2%以上,然而非正式雇佣率丝毫没有变化。其中,青年人群格外突出,最为突出的便是青年女性。

曾经只有一成左右的青年女性(15—24岁)非正式雇佣率,现在已经发展到了四成。

而且调查还发现,非正式雇佣率随学历差别高低悬殊。25—34岁的女性,学历在高中毕业以下(包含初中毕业、高中辍学)的,非正式雇佣比例将近六成,而大学毕业以上的比例仅三成左右(图序-2)。

由于是非正式雇佣,劳动者所得薪酬很低,也容易遭到解雇。近10年来,15—34岁女性的完全失业率一直保持在4%左右,而高中以下学历的女性则高达8%。

另外,还有许多人因为第一份工作是非正式雇佣,无法积攒经验和资历,很难转为正式雇佣。

高中毕业女性的困难

有明由纪女士(29岁),居住在近畿地区,高中毕业后长期从事非正式雇佣工作。起初求职的时候她想怎么也得找一份正式工作,但是当地工作本来就少,高中毕业时只勉强找到了一份不动产公司的文员工作。

虽然是非正式雇佣,但正好是我想做的文员,所以我就打算先努力工作积累业绩。可是那家不动产公司的业绩一直不好,一年左右我就被裁了。毕竟他们不能把跑业务的人砍掉,也是没办法的事。我找了一份牙医助手的兼职勉强维持生计,后来在父亲熟人的介绍下才好不容易被一家材料公司聘用为文员。

可是这家公司的工作要求很苛刻。文员只是表面职位,有明女士实际被分配到的工作是检品和库存管理。

我每天都要一个人举起沉重的部件进行检品，体力严重透支。社长的职权骚扰也很严重，每天都会被吼，实在太难受了。

　由于这份工作是熟人介绍的，有明女士忍耐了三年，最终还是选择了离职。目前，她正在一边领取失业保险一边找工作，但是她居住的地区连兼职的招募都很少。为了找工作，她也考虑过搬到大城市去，但苦于生活拮据，无法支付押金和礼金等搬家费用。有明女士幼年丧母，由父亲独自养大，后来父亲再婚，组建了新的家庭，有明女士便无法再依赖父亲了。

　失业保险赔付期结束之前，她总算找到了一家家族经营式电器店的临时工作。

　　经营店铺的是一对老年夫妇，只有我一个店员。夫人常常对我指手画脚，说我打扫的方法不对，字写得难看……我的一切行动都要受到她的监视和批评。他们甚至要求我打扫私宅的院子，给屋子大扫除，时薪却只给最低限度的750日元。即便这样，因为我一分钱存款都没有，不能连这份工作都丢掉，我就不敢辞职。

在日日的煎熬中,有明女士的身体渐渐出现异常。

> 我开始失眠,一整天都没有力气,特别难受。后来去医院,医生给我开了安眠药和镇静剂,并且让我马上辞职。

有明女士虽然离职了,但是她的状态使她迟迟无法寻找下一份工作,实在走投无路的她,只能去政府部门咨询,并得到了领取生活保障的建议。于是,有明女士决定申请大约半年的生活保障,一边参加就业培训,一边寻找下一份工作。

> 当时我向政府求助,现在回想起来真是太明智了。要是不找任何人商量,独自面对,我也不知道会变成什么样……

可是半年后,当有明女士找到一份饮食店的兼职文员工作时,生活保障金就停止了发放。

因为还要去精神科复查,我非常不安。现在我月收入有12万日元,付掉房租后就所剩无几了。其实我也考虑过同时做好几份工,可是这份工作明明是兼职却有"义务加班",导致我并不能如愿。现在我能省则省,比如晚上看电视不开灯,只靠纳豆拌饭填饱肚子。老实说,领生活保障金时我的精神压力还没那么大。现在我很担心自己的健康情况,每天都害怕连这样的生活都维持不下去。

有明女士是一个人生活,一旦遇到身体不舒服或失业等任何人都随时可能遇到的情况,她就会瞬间陷入困境,不得不领取生活保障金。现在,她虽然有一份工作,但是12万日元的月薪仅够勉强维持生计,随时可能再次陷入穷困。

据统计,从事非正式雇佣工作的女性(15—34岁)中,有八成平均年收入不足200万日元,有明女士并不是个例。

第三章列举的过劳和职权骚扰问题在非正式雇佣中也同样存在。非正式雇佣人员的合同续约掌握在上司手中,因此即便遭到职权骚扰也很难控诉,她们的弱势立场使问题更加难以解决。从有明女士的案例中可以看出，非正式员工可以随便辞职的想法本身就是错误的。

辍学使现状更严峻

"冰河期世代30人"中，16人"只从事过非正式雇佣工作"或"没有工作经验"。从学历来看，其中初中毕业生3人、高中辍学者4人、高中毕业生3人、短大辍学者2人、短大或专门学校毕业生2人、大学毕业生2人。2名大学毕业生都是为了追求爱好和自身喜欢的职业而刻意选择了非正式雇佣。反过来看，有过正式雇佣经验的人中，只有1人不是大学毕业生。这个结果印证了学历对非正式雇佣率的影响之大。

其背景之一，想必是青年人群的高学历化。日本的大学升学率持续上升，在1991年只有39%（含短大），到2015年已经达到了55%（含短大）。顺带一提，1991年高中学历女性的正式雇佣率维持在60%，到2015年已经下降到了30%（总务省统计局《就业结构基本调查》。调查对象为除去在校生之外的20—24岁人群）。

针对高中毕业的女性非正式雇佣率居高不下的问题，

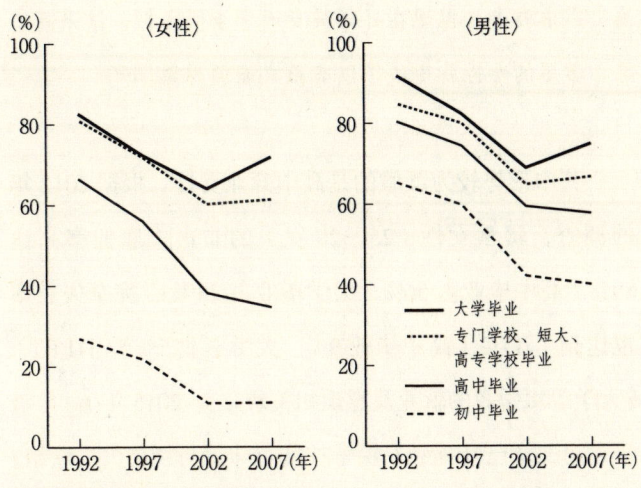

注：在校生除外
数据来源：内阁府两性平等局《两性平等白皮书（平成二十二年版）》

图 4-1 不同性别的青年人口（20—24 岁）正式员工比例

研究青年非正式雇佣问题的劳动政策研究与研修机构的小杉礼子女士分析如下：

> 许多高中学历的男性可以在诸如汽车生产线这些生产工程方面得到正式雇佣。这种工作可以练就技术，将来有望提薪。相对的，对高中毕业女性需求较多的是销售员和服务员等服务业，而服务业正在逐步趋于雇佣非正式化。过去文员工作对高中毕业女性的

需求较大,但现在开始被女大学生所占据,结果高中学历的女性就变成了以非正式雇佣为主。

其中形势较为严峻的是高中肄业女性。根据2012年的调查,辍学女性(25—29岁)的非正式雇佣率高达89%(高中毕业占56%、大学毕业占28%),完全失业率也达到了17%(高中毕业9%、大学毕业5%)(JILPT[①]《大学等辍学者的就业及意识相关研究》,2015年)。

第二章已经提到,辍学往往意味着与社会失去联结。此外,从高中毕业到成为正式员工的过程中,主要以学校推荐等学校中介的就业为主。高中辍学者无法通过这一途径,不得不独自寻找工作,从而很难应聘为正式员工,只得选择非正式雇佣。

此外,还有不少高中生由于家庭拮据,为了出门赚钱贴补家用而不得不辍学。

久保田爱女士(17岁),便由于家庭经济状况而选择了肄业。她现在同时做着便利店和猪排店两份兼职。

---

①即劳动政策研究与研修机构。

经常是每天早上6点到9点在便利店工作,然后马上换衣服赶到猪排店,开始10点到14点30分的午餐轮班。结束后先回家一趟,17点30分又到猪排店去,一直工作到21点30分。每周可能只有1天完全没有轮班。便利店的时薪是900日元,猪排店是880日元。

虽然她的境遇听起来很艰难,她讲述时的语气却十分明快。

很多女性都像久保田女士这样同时做着几份兼职。如果将所有兼职的劳动时间合计起来,足以获得加入健康保险和厚生年金等社会保险的资格,然而工作地点不同使她们依旧被排除在外。

第三章介绍的"全国职业女性服务中心"(ACW2)的电话咨询服务中,同时从事几份每周5日、每次3小时(周一5小时)临时工作的女性咨询者正在急剧增多。她们咨询的问题以多排班遭拒为主。该中心分析,2016年10月起,加入社会保险的条件从每周劳动30小时改为每周劳动20小时,因此越来越多的无良雇主将零工的工作时间控制在20小时以内,以逃避支付社会保险。

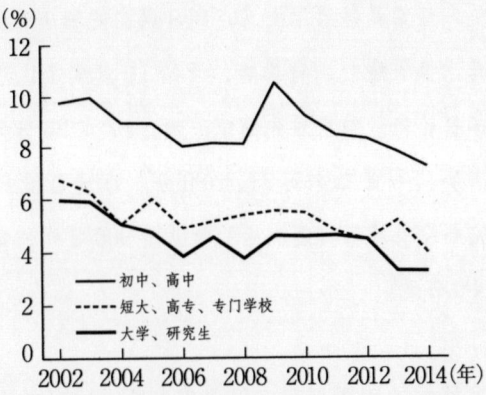

数据来源：小杉礼子《青年女性中扩大的学历格差》，小杉、宫本编著：《底层化的女性》

图 4-2 不同学历下 15—34 岁女性的完全失业率

降低社会保险的加入条件本应能够改善临时工的处境，但是限制劳动时间的雇主增多，反倒使零工劳动者不得不同时从事几份工作，处境更为恶劣。

久保田女士读完高一就辍学了。她就读的高中升学率很高，但是出于经济原因，久保田女士并不打算考大学，因为这点她在学校里显得格格不入。

> 我去找老师倾诉，说我找不到梦想，结果老师说："你先好好学习考上大学，同时慢慢想就好了。"

母亲对她说:"还是把高中念完吧。"但是并没有强烈反对她辍学。

久保田女士的父亲是卡车司机,母亲在兼职做清洁工,家庭收入并不稳定。比她年长三岁的姐姐也同时在几家卡拉OK店陪客。久保田女士上学时也做过回转寿司店的兼职。

我知道家里经济情况不好……所以与其一边上学一边做兼职,不如干脆出来好好工作,帮帮父母。

她大半收入都交给了家里,但是依旧不够,父母总会从久保田女士的钱包里偷偷把钱拿走。

久保田女士说:"我知道家用不够,但他们跟我说一句也好啊。为这事,我经常跟父母吵架。等哪天我存到了钱,也想好做什么了,我打算去上函授制的高中。"

看到这些毫无怨言,同时做好几份兼职,从清晨不断工作到深夜的女性,我敬佩不已。同时,对那些经济上依靠久保田女士及其姐姐这些年轻女孩的父母,又忍不住想投以批判的目光。

对没有继续读书深造一事,她认为自己没有决定未来梦想的权利。虽然父母没有明确告诉她家里不宽裕让她辍学,久保田女士还是察觉到了那种暗示,辍了学。

现在,公立高中正在免除学费以应对未成年人的贫困问题,但久保田女士的案例让人心生疑窦:仅凭这些举措就想让未成年人都能上学,是否过于天真?读到高中毕业固然能拥有更为光明的未来,但是每天都在穷困的追逼之下,无论父母还是孩子都无法描绘未来的蓝图。社会支援固然重要,但不能仅仅局限于对孩子的支援,还要将目光放到对父母的积极支援和介入上。

我并不认为学历可以与个人资质能力画等号,也无意肯定偏重学历的社会。可是目前日本的高中毕业率达到九成,大多数岗位也都以高中毕业为招聘条件,没有高中文凭是一件极为不利的事情。

决定辍学时,久保田女士究竟对自己将陷入的不利有多少了解?假设父母不了解,教师就应该肩负起向她提供信息、帮助其做出判断的责任。同时,我们也要尽力去改善低学历导致非正式雇佣,进而陷入贫困的连锁效应。

高学历穷忙族

上文提到学历越低非正式雇佣率越高的情况，但高学历并不意味着就能够轻易找到正式雇佣的工作。如第三章所述，许多人因为职权骚扰和过劳，不得不辞去正式雇佣的工作。

此外，还有一部分工作对资质和专业知识有要求，但是只进行非正式和短期招聘，或者薪酬被压得非常低。前者主要有图书管理员、兼职讲师等，后者则有幼师和护工等。此外，图书管理员、幼师、护工等岗位都是女性从业者明显多于男性，这应该绝非偶然。

接受采访的女性中也有大学职员、小学教员、图书管理员、幼师等从事短期工作的人。这些女性都有高学历和相应资质，但是收入非常低，生活十分拮据。

龙田知子女士（31岁），凭借策展人资质得到了博物馆的一份工作。除了博物馆，她还同时兼做超市等促销日工。

收入不稳定是最让我烦恼的问题。博物馆的工作主要集中在展会前后，除此以外就没有工作也没有收入，只能靠日工维持生活。

然而日工并非从早到晚都有，很多时候需要等，效率并不算高。

收入较多的时候，一个月能拿到14万日元。龙田女士的大学和研究生学费都是从日本学生支援机构贷的款，共计700万日元，平摊到每个月就有5万多日元，不得不住在父母家。

父亲已经去世了，家里只剩下我和母亲两个。母亲在做护理助手，有时还要上夜班，她都60多岁了，一定很辛苦。

龙田女士因为想从事美术和艺术相关的工作，便在国立大学的研究生院进行了深造。她原本想凭借自己掌握的专业知识找工作，但是艺术方向的人才需求十分少。于是她转变策略，拿到硕士学位后进入一家大型通信公司的子公司成为正式员工。

可是那家公司就是现在所谓的黑心企业。我被分配到电话中心,每天要工作将近12个小时,但是公司是视同加班①的体制,没有额外加班费。我就这么每天打电话,推销,身心俱疲,结果公司突然破产,所有员工都被解雇了。

最终公司被查封,她连薪水都没拿够。

这也是命,于是我不再考虑寻找普通企业的工作,而是再次向以前的理想发起挑战。

其后,龙田女士先后参与了一些艺术相关的短期项目,最终得到了现在这份工作。她现在依旧在寻找博物馆等机构的策展人及研究员一类专业性较强的正式工作,但是这类招聘本身就很少,迟迟无法找到。

我觉得现在这份工作很有意义,只是想到将来就觉得有点害怕。现在这个时代是不是要么认命牺牲自己的个人时间,到黑心企业去工作,要么就只能当

---

①指在合同规定的薪资中预先加入定量加班费用,除此以外不支付额外加班费。

个有闲却没钱的穷忙族呢?

官制穷忙族

牧沙织女士（25岁），在一所公立小学的保健室做兼职医务老师，当初她就是不得不刚毕业就选择了非正式雇佣。虽说是兼职，时间上却是全勤，工作内容与其他教职工也没有区别。由于目前教职工的雇佣人数被限制，越来越多的人开始像牧女士这样从兼职教师做起。

牧女士离开出生地之后，搬到了学校所在的县城，开始一个人生活。她的年薪总额约有200万日元，但是暑假等学校放假期间没有工资，要维持独身生活非常困难。即便这样，她还是不愿意放弃教师的梦想，想外出打零工，可是学校有副业限制规定，又因为担任了社团顾问而根本没有时间。社团顾问并没有额外补贴，只在年末发放10万日元。

这10年来，国家公务员和地方公务员等都被置换成了兼职职员。目前在国家行政机构工作的兼职职员人数达到7万，加上地方自治体等机构的无编制、临时、委托职员，合计可达数十万。

公务员给人的印象通常是工作稳定，然而如今越来越多人只能以兼职身份工作，进而生活难以为继，被迫成为"穷忙族"——这一现象被称为"官制穷忙族"。曾经为求职者提供咨询的HELLO WORK职员，很可能一个月后就要出现在柜台另一端，以求职者身份寻求咨询。

友川由美女士（39岁），长年担任兼职图书管理员，几年前她成立了由非正式职员组成的工会。大学毕业后，友川女士先在出版社工作，后考取图书管理员资质，进入公共图书馆。截至目前，她已经更新了十几次一年期的劳动合同。她平时负责为孩子读书和特别展示策划等对专业性要求极高的活动，是图书馆中不可或缺的人才。

可是现在，以削减经费为由将图书馆业务外包（业务委托）给民间企业等机构的市、町、村急剧增多，友川女士工作的地方也在推进业务外包，一旦确定下来，她不一定能保住图书管理员的工作。

不知从何时起，图书管理员成了官制穷忙族的代名词。我一直住在父母家，所以能凑合活下去，但为了年轻员工，我还是坚持呼吁人们关注这一现象。

现任和光大学现代人类学系教授,在报社当记者时第一个使用了"官制穷忙族"一词的竹信三惠子女士这样说道:

> 公务员的非正式化可以回溯到小泉政权时代。在当时三位一体的结构改革①浪潮中,政府向地方自治体划拨的款项被削减,后来为了控制人事开支,公务员的编制就越来越少了。
>
> 21世纪初兴起的"公务员批判"风潮加剧了这一趋势。在捉襟见肘的财政逼迫下,削减人事成本、减轻税负的舆论占据了压倒性优势。
>
> 最先开始兼职化的是"公共关怀岗位"。这些岗位涉及护理、窗口接待员、图书管理员等,都是直接与市民对接的公务,也是女性人数较多的岗位。
>
> "官制穷忙族"的现状还在进一步恶化和不可视化。

---

① 指针对日本国家与地方公共团体行政、财政系统的三项改革,即"废止、缩减国库辅助负担金""移让税财源""地方交付税的一体化重组"。

当初与自治体等机构直接签订雇佣合同的兼职职员很多,现在则如上所述,整块业务被委托给民间企业,使得企业雇佣(包含非正式)的形态逐渐增多。

例如,图书馆运营和儿童馆运营被整块外包,行政就不需要对受托方的员工进行劳务管理。员工也不是由行政部门直接雇佣,因此工作需要改善之处和使用者的要求就很难直接传达到行政部门耳中。

这种状况不仅会造成被雇佣者的贫困,还将严重影响到国家和地方自治体的对外服务,为此,竹信教授警告道:

> 人手长期不足会带来行政服务的恶化。这十几年来,公共服务的需求急剧增加,全球化大背景下的雇佣不稳定、社会贫困化、家庭福祉[①]弱化等问题刺激了对保育、看护、生活保障、就业咨询等行政服务更高的需求。然而工作量不断增加,行政的人事预算却不断减少——这个矛盾最终落在了非正式公务员身上。

---

①指以家庭为单位,在家庭生活周期中,为其在家庭功能方面的自立提供援助实践及服务的体系。

没完没了地找工作

每年的经济状况左右着求职活动的成败。有的人运气很好,遇上了"泡沫时期"和"经济增长年",也有的人完全相反。可是,如果运气和时机的好坏能对一个人的整个人生持续造成影响,那就很不合理了。

安藤结衣子女士(42岁),求职活动时期正好与就业冰河期重叠,她就经历过这种不合理。安藤女士毕业于1995年,当时《男女雇佣机会均等法》(以下简称《均等法》)已经制定了10年。在《均等法》的保护下,与男性完成同等工作的"综合职位一期生"虽然出现了,但是仅局限在很小的一部分,其后,女性从事的工作依旧集中在以辅助业务为中心的普通(文员)职位上。可是进入90年代以后,经济不景气再加上办公计算机化,同时受全球化的影响,事务性和辅助性的工作骤然减少,越来越多的企业开始减少行政职位的录用,女性们从事的多数工作都被置换成了派遣等非正式雇佣。而这一变化,就集中出现在就业冰河期。

这一时期,派遣公司PASONA注意到了"找不到工作的女大学生"和"不想招正式员工,但是想招青年女性的大企业"这两种需求,并在1995年开创了"应届派遣"的形式。派遣公司对没有工作经验的应届毕业生开设研修课程,等他们具备了一定工作能力后,再派遣到各个企业。现在,应届派遣变成了介绍预定派遣,即派遣期结束后,若用人方与劳动者都同意,就由用人方直接雇佣劳动者。可是,在应届派遣刚刚出现时,并不存在这样的机制。

大学毕业后,安藤女士就以应届派遣的形式开始了工作。

当时我找工作不太顺利,中途改考公务员,也没考上。正一筹莫展的时候,我听说了应届派遣这种形式。最开始的半年,我们要向派遣公司交钱学习商务礼仪和办公器材的操作,等掌握了一定技能后,我就被派到了一家大型零件厂商的会计部。

安藤女士工作热心,所以很受器重。派遣员工与正式员工的工作内容没有差别,加班和休息日出勤也都一样。公司给她的时薪为1300日元左右。该公司三年前还有行政职位的应届招聘,所以正式员工里也有与安藤女士同龄的短大毕业女性,但是她一心只想尽快适应工作,并没有觉得自卑。

将近两年后,公司找到安藤女士问:"要不要从4月开始成为正式员工?"

> 找我谈话的人是顶头上司,我以为自己的工作得到了认可,所以特别高兴。可是他又说要先去人事那边走走形式上的面试流程,说完就再没有后续消息了……后来有一天,上司又把我叫过去,让我忘了那件事。我备受打击。

不久,安藤女士就得知公司临时恢复应届招聘,一名短大毕业的应届生顶替她入了职。尽管如此,她还是花了1个月与那位新员工仔细交接,之后才结束了为期两年的派遣工作。

即使是停止了招聘行政岗位的大企业,也会为了补充人员而暂时恢复招聘。就业冰河期存在几轮波动,因此毕业时间虽然只相差一两年,就业情况也会截然不同。

> 我可能成为正式员工的事情已经在会计部传开

了，结果在我离开公司时，传言却变成了公司对我发出过邀请，被我拒绝了。可能上司觉得自己尴尬，才传出那种话来吧。因为这件事，我对他人失去了信任。

其后，安藤女士又在其他公司做过会计为主的派遣工作。因为登记派遣的时间较早，同时掌握了一定技能，她在几家公司从事派遣工作的同时还报了考证班，最后通过了簿记二级考试。

刚过30岁，她就被一家IT企业录用为正式员工。

> 当时正值IT泡沫全盛时期，以青年为主的公司势头很足。我也被分配了与会计相关的工作。

但是她工作的第二年中，公司上市失败，业绩开始走低，安藤女士被裁，离开了公司，后来被准备并购公司的IT相关企业看中，得到聘用。

> 那家公司也以快速上市为目标，但是日程安排得太紧，工作根本完不成，每天都要加班到末班车。

回到家已经凌晨1点多了,只能睡四五个小时,休息日睡得像个死人一样。

这样的生活持续了三个月。一天,她因为原因不明的高烧而卧床不起。

我很想起来,但是身体完全不听使唤。后来医生建议我去看精神科,那里的医生一看就对我说:"我给你开诊断书,你必须马上停职。"

安藤女士停职2个月后直接辞职,再次开始寻找工作。然而,这次的求职活动异常艰难,安藤女士回忆道:

我特别不想回去做派遣,只把目标限定在会计相关的正式员工招聘上。可是面试一点进展都没有。可能因为我做派遣的时间长,而且上一家公司只做了3个月就辞职,所以我很自责。

安藤女士辞职的时间是2008年年末,正值雷曼冲击下失业者剧增的时期,日比谷公园甚至开设了"过年派遣村"。那年她35岁。

> 我跟家人吃饭的时候，在电视上看到派遣村的画面，顿时感觉跟自己的境遇太像了，我很受不了。父亲退休前是公务员，从来没有过找不到工作的烦恼，所以说话特别冲。比如，"你为什么总找不到工作？""又不结婚，今后到底想怎样？"……母亲也总说要是在第一家公司能当上正式工就好了这种没意义的话。待在家里压力巨大，非常痛苦。

由于父亲的施压，安藤女士迫切想找到一份稳定的工作，为此痛苦不堪。她没日没夜地为寻找下一份工作做准备，但是始终没有正式工的招聘。在失业大约一年后的2010年，终于决定放弃正式雇佣，从事非正式雇佣的工作——在一所大学中做会计，雇佣期限只有3年。

> 因为知道期限只有3年，所以我时刻都在寻找下一份工作，已经数不清自己写过多少份简历了。但我平时还要工作，所以接受面试的时间有限，工作找得很不顺利。最后还是找不到正式工作，只能成为另

一所大学的兼职职员。

这就是她现在从事的工作。合同规定每周工作5天,时间从9:30到16:30,月收入约为10万日元,到手不足7万。而且这份工作也只签3年,她又要一有时间就写简历找下一份工作了,陷入永无止境的求职中。

如果我独居,恐怕早就饿死了。现在连每次面试的交通费我都负担不起。尽管如此,我还是要给家里交钱。以前每个月交6万左右,现在跟父母商量改成了3万。我觉得父亲说得对,这里面也有我的责任。之所以找不到稳定的工作,是因为我的能力不够。我必须进一步提高自己,积累更多经验……

回首过往,从应届成为派遣员工,安藤女士一直在审视自身的职业生涯。正因为她的立场不坚定,才要比别人努力数倍,提高专业能力,悉心规划自己的职业道路。但是,安藤女士只是因为出生年份、大学毕业年份和重新展开就业活动的年份特殊,碰巧没能找到稳定的工作而已,那绝非她自己的责任。

我没有具体考虑过未来,还有婚姻……按照我现在的情况,婚后只能依附于对方。如果是才貌双全的年轻女孩倒还好说,像我,想结婚真是太天真了(笑)。不管未来如何,找到一份正式工作才是头等要务。

正如安藤女士所说,35岁后想找工作就变得非常困难了,因为随着年龄增长,不仅是正式工作,连派遣工都很难被录用。我还采访过比安藤女士年长一些,在泡沫经济时期就业的女性,只要没有特别出色的经验和资历,一旦从事过非正式雇佣就很难回到正式工作上来,而且一过35岁,连派遣等工作都很难找到了。

直到现在,女性价值在于年轻的观念依旧根深蒂固,年龄越长就越难找到待遇好的工作。

创造交流环境

从事派遣等非正式雇佣工作时,与同事交流的机会很少,许多人都会感到孤独。长年从事女性职业咨询的职业顾问锦户香织女士最近举办了非正式工单身女性的集会。提到职业顾问，人们很容易认为那是拥有一定事业的成功女性才会使用的服务，但事实上，许多非正式雇佣的女性也会向锦户女士寻求建议。"我拼命努力了，工作还是不顺利。""一把自己跟他人比较，就顿时灰心丧气起来。""想到将来也要一个人这样过，心里就很不安。"女性们的烦恼都极为深重。

锦户女士说："我希望能创造一个境遇相同的人们彼此畅谈、放松身心、获得生存勇气的环境。"人们在集会上可以自由分享近况，定下下次集会前要完成的小目标，分享自己为达成目标做出的努力。

> 比如给花草浇水、写日记，只需要定个很小的目标就行。

参加集会的女性多数在多个公司做过派遣工或临时工，每次合同期结束，她们就不得不重新开始求职。

> 面试经常遇到"为什么你一直做非正式雇佣？""你为什么换过这么多工作？""为什么一直单身？"这样的问题。提问的人肯定觉得没什么，但那些话对

女性来说很伤人,会让她们失去肯定自己的勇气。

锦户女士举办集会的目的就是帮助失去自信的女性找回自信。

如果没有得到过正式雇佣,就会缺少接受公司培养的经验——既没有被训斥的经验,也没有被夸奖的经验,结果很多人并不知道自己擅长什么,优点是什么。她们往往有很多没写在简历上的优点却不自知。

正因为如此,锦户女士认为有必要创造一个环境,让女性们相信自己,有机会肯定自己。

急病与非正式雇佣的单身者

上文论述了青年女性与非正式雇佣的情况。这些论述并不是为了否定非正式雇佣,而且想必也有人认为,与其被迫从事过度劳动使身心受损,不如按照自己的节奏慢慢工作。然而,非正式雇佣这种劳动方式在面对疾病和伤痛等不测时,非常危险。如果非正式雇佣者还是单身，事态将更为严重。

栗原沙知女士（43岁），20岁那年从专门学校毕业后，就一直从事非正式雇佣工作。

> 因为我上的是艺术专门学校，周围有很多人都因找不到工作一直打零工，所以我也没什么抵触情绪。当时泡沫经济还有一点余温，我找工作并没有遇到什么困难。

栗原女士四年里做过保安、报纸派送工、文员、厂工等兼职。其中保安的日薪可达1万日元左右，生活上完全没有困难。

后来，栗原女士找到了市政府清洁局重复利用课的委托职员工作，负责废纸回收、大型垃圾拆解等。她的税前年薪有280万日元左右，每天上班只需步行5分钟。因为工作无须加班，个人时间也十分充足。30岁那年，她在父母家附近租了一间房，开始了一人一猫的生活。尽管栗原女士对将来有隐隐的不安，但独居生活的日常还算平淡而充实。

我利用自由支配的时间考了很多证,比如驾驶巴士和卡车的大型二类驾照、拖车证、叉车证、危险品处理员资格证,还有二级文字处理、商务电脑能力、二级到一级护工,这些证之间毫无内在逻辑可言,说出来一定很好笑。

栗原女士在重复利用课工作了十六年后,由于垃圾处理的方针变动,她所在的课被废除了。最终她丢了工作,只得另寻下家。

我一直觉得这份工作总有一天会保不住,所以早就做好了心理准备。一直以来我都在做非正式工作,这次想成为稳定的正式员工,便凭借一级护工的资质找起了护理工作。护理好像是卖方市场,所以我很快就找到了。

然而在接受入职体检的时候,栗原女士被诊断出了癌症。

离入职仪式还有一周的时候,体检的医院突然打来电话告知了病情。因为癌细胞可能发生转移,要我尽快接受进一步检查……那个打击实在太大了,我当场就晕了过去。

栗原女士很快定下手术日期并住进了医院。她很想保住那份正式工作,但是前途未卜,最后不得不放弃。

> 单身的人得病真的很痛苦。虽然我的父母就住在附近,但是父亲有重度痴呆,母亲整天忙着照顾父亲。最近很多人术后选择不住院,而是每天去医院接受化疗,但是没有人陪同很容易出事。我家住五楼,而且是个老小区,里面没有电梯,光是回家都要费好大的力气。

所幸,栗原女士确诊疾病后得到了幼时好友的照顾,跟她一起住。尽管如此,这一连串事情还是让她的人生观发生了改变。

> 我朋友也单身,养猫,所以我们平时不在家的时候,就会把钥匙交给对方,让对方帮忙照顾猫。手术

那天她去医院陪我，还在政府窗口帮我拿到了要用的文件……真的，如果没有她，我都不知道该怎么办。

因为癌细胞没有转移，并且发现较早，栗原女士恢复得还算不错。

如果有一份正式工作，而且结婚有了伴侣，就算突然病倒也不会出现收入断掉的情况吧。反之，做非正式工的单身人士可能瞬间就会粮草断绝。我每个月的医疗费要10万日元，因为是公立医院，不需要支付床位费，可是即使住在医院，也要支付出租房的房租和水电费……想到未来，我就特别不安。其实我出院的时候，医院的社工对我说："可以申请生活保障金哦。"虽说我生了病，还是单身，无法工作，可是突然变得要申请生活保障，还是让我很惊愕。

出院后，栗原女士开始重新找工作，并成了特殊教育学校的助教。考虑到身体状况，她签的是委托合同，每周工作4天左右。扣除全部税金，到手工资只有大约13万日元，不过她已经下定了决心，以照顾身体为主。

当下，栗原女士正在跟朋友合租。

> 我一直觉得单身很轻松，后来才切身体会到万一有什么事情，没点准备真的很可怕。可以说同类相吸吧，我周围有很多单身人士，甚至有朋友希望我偶尔帮忙照顾猫，专门搬到了附近（笑）。我想，今后也要继续珍惜这种与伙伴互相扶持的联系。

非正式雇佣的黑暗

本章主要介绍分析了非正式雇佣青年女性的现实。

学历越低，非正式雇佣的比例就越高，若第一份工作是非正式雇佣，之后想转为正式雇佣就非常艰难。哪怕有正式雇佣的经验，一旦走上非正式雇佣的道路，也会因为缺乏履历、年龄过大、上一份工作持续时间短等，很难再次提升。

非正式雇佣还蔓延到了政府工作岗位，使越来越多的人成为有工作却生活拮据的"官制穷忙族"。尤其是女性较多的岗位被置换为非正式雇佣的几率更大。

从第三、四章介绍的女性经历来看，现实已经分化为了两个极端：要么死死抓住正式员工的岗位一直到身心受损，要么只能从事非正式雇佣工作与贫困为邻。这些女性并非能力低下，也绝非努力不足，她们甚至把自己逼到罹患疾病，可谓拼尽了全力。

这些事例让人忍不住思考，是否陷入困难，很多时候由一时的运气来决定，比如高中辍学、在职场遭遇职权骚扰、找工作的时期正好是冰河期低谷，等等。而且这种运气有时会纠缠一生，形成无法独自摆脱的负面连锁——因此，社会需要开展积极援助，帮助她们摆脱困境。

第五章 婚育压力

想要小孩

单身女性经常烦恼的除工作和家庭关系以外,还有婚姻和生育问题。其中最为心焦的,便是她们对孩子的重重忧虑。

寺本邦女士每天都会在一种难以言喻的焦躁中醒来。

> 我会觉得心情特别灰暗,满脑子都在想:唉,我的卵子又老了一天,可能已经生不了小孩了。

寺本女士当下没有与男性交往,虽然生育的时限在一点点逼近,但此事仅靠她一人无法完成。卵子老化之说几年前开始盛行,寺本女士每次听到那句话都觉得是在说自己,宛如一把尖刀刺进心中。

> 即使没有"老化"这个说法,我也知道35岁以上

的女性就算高龄产妇，生孩子的风险会变高。最近的报纸和电视总把35岁以上妊娠率急剧下降的图表或年轻卵子与老化卵子的比较图放出来，每次看到我都会想，够了，大家都知道了，别再欺辱高龄人士了。

大学毕业后，寺本女士一直在出版社做编辑，30岁那年成为自由职业者。

年轻时一直觉得这份工作特有意思，但是截稿前通宵达旦忙碌是常态，我觉得自己应该坚持不到四五十岁。可能因为工作压力大，月经不规律也让我很不安。为了不影响将来结婚生子的计划，我决定辞职。

寺本女士30岁左右遇到了一名男性，并和他交往了五年。

我心里一直对将来有规划，但是对方好像完全没有这个意思……结果拖着拖着，就拖过了35岁。

她的工作一度很顺利,收入比上班时还多,但是受到出版业不景气的影响,现在工作有所减少,有时年收入甚至不足200万日元。

因为付不起房租,寺本女士决定搬回父母家。

我这么大的人还要依靠领养老金的父母,真是没出息。将来如何照顾父母也是个很严峻的问题。反过来再想想自己就更痛苦了。父母去世后,我就会变成未婚无子的孤家寡人,一想到这里心里就特别不安。现在孤寡老人的"孤独死"已经成了社会问题,但实际上,孤独死更容易发生在年青一代身上,所以我很难置身事外。

最近,寺本女士周末也待在家里的时间越来越多,每次周末在家,她就更容易烦恼孩子的问题。

我一边觉得现在生孩子还能勉强赶上,一边又想,如果现在开始交往、结婚、生育……一步步走下来就没时间了。我以前很害怕奉子成婚,现在竟然有点羡慕她们……

而且，人们普遍不赞成高龄生育，比如对胎儿健康的影响、是否有足够体力育儿、能否负担孩子成年之前的花销等，反对的理由多种多样。可以说，这是一个从十几岁生孩子到四十几岁生孩子都有人批判的世界。

对想要小孩的单身女性来说，冻卵也是增加未来生育可能性的一种选择。寺本女士也收集过有关冻卵的信息。

2015年2月，千叶县浦安市针对少子化问题，决定为冻卵提供援助金。由于冻卵不适用于保险，加上每年的管理费，有时需要花费近100万日元。冻卵对象的年龄限定在25—34岁，如果申请援助金，自己负担的费用不到三成。此外，美国苹果公司和FaceBook公司都已经设立了冻卵援助金作为公司福利的一部分。

尽管生命伦理问题一直存在，医疗水平依旧在不断提高，生育可能性今后可能还会进一步扩大。可是，对所有女性来说那并不一定都是福音。随着医疗条件的改善，社会对待"未生育女性"和"不为生育做努力的女性"，是否会变得更为苛刻呢？

再过上几年，我可能就要不得不接受没有孩子的事实了。说不定过了35岁,我就一点点做好了心理建设。可是听到各种消息后我还是会很混乱,甚至搞不清楚自己到底想要什么。

若不是生在这个时代,寺本女士会如此痛苦吗?

"单身女王"的登场

现代社会,他人已经越来越少有机会干涉结婚与生育了。通过工作结识或是拥有共同爱好的伙伴中,恐怕并没有多少能够了解彼此家庭结构的。哪怕是同事或长时间有来往的朋友,也很可能对一个人的私生活不甚了解。婚恋情况和家族情况都属于个人隐私,若贸然深入,恐怕会被指责"性骚扰"。从这个层面上说,这个时代确实让人们的生活变得更轻松了。

回头看二十世纪五六十年代的日本,那是个结婚生子理所当然的时代。比如1960年的终生未婚人数统计中,到50岁尚未有过婚姻经历的男性仅有1.3%,女性仅有1.9%。可是90年代以后,比例持续迅速上升,到2010年,男性和女性的终生未婚率已经分别达到20.1%、

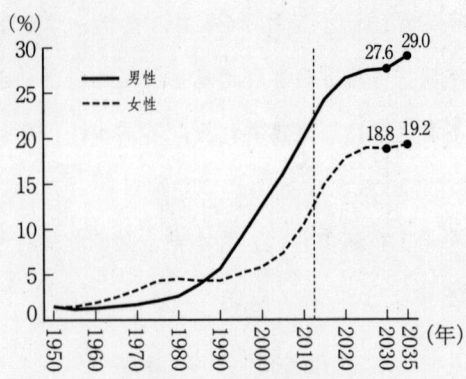

注：终生未婚率指50岁尚未有过婚姻经历的人口所占比。该表2010年之前的数据来自《人口统计资料集》，2015年以后的数据来自《日本世代未来推算》，数值取45—49岁未婚率与50—54岁未婚率的平均值。
数据来源于厚生劳动省

图5-1 终生未婚率的变化

10.6%，预计到2035年将分别达到29.0%、19.2%（图5-1）。

这一数据的背景是女性走向社会带来的劳动人口的增加。进入20世纪80年代，在泡沫经济和《男女雇佣机会均等法》等有利条件的推动下，职业女性群体开始受到关注。婚后继续工作的女性越来越多，也出现了丁克族这种夫妻双方都有工作且不生小孩的群体：在泡沫经济最盛时期，男女都努力工作，享受富足的生活——

可见除了结婚生育之外,越来越多女性的生存方式在逐渐得到认可。

另一方面,相比光鲜亮丽的职业女性,人们对家庭主妇的印象却并不深刻。她们被家务和育儿追逼,经济和时间上都没有余裕。就算育儿完成能出去上班了,也很难找到自己理想的工作。

1995年,双职工家庭数量虽然超过了单职工家庭,但是已婚女性多为年薪不足100万日元的临时工。由于当时没有育儿假制度,女性除非信念特别坚定或条件特别优越,否则只能从"工作"和"生育"中选择一个。

在这种背景下,一直享受着自由充裕生活的单身女性,在结婚和生育面前自然会裹足不前。

泡沫经济崩溃后的一段时间,单身职业女性的正面形象并没有瓦解。"单身女王"便是其中一种。已故记者岩下久美子曾将"单身女王"定义为"完成了个体独立的成熟女性",这个说法代替了长期伴随单身女性左右的"老姑娘"和"剩女"等歧视性称呼。媒体也时常策划带有"单身女王"标题的报道和特辑,其中多数认为单身女性比已婚育女性在经济上更独立,没有家长里短,永葆活力。这些论调虽然流于刻板印象,却总体持正面态度。

连"丧家犬"都当不成

在"单身女王"渐渐得到主流认可的同时，少子化趋势也不断加剧，开始成为全日本面临的重大问题。1989年，女性所生孩子的平均数下降到了1.57%。在第二次婴儿潮达到顶峰后，出生人数逐年减少，终于在这一年突破了1966丙午年①，成为战后最低谷。其后，出生率持续下降，社会对"不生孩子的女性"施加的压力也渐渐加剧。

为这一情况火上浇油的，应该是"丧家犬"这一称谓的登场。

这一说法来自散文家酒井顺子。她在《丧家犬的呐喊》（讲谈社，2003年）中对"30岁以上未婚未育"的女性冠以了这种称呼。该作品引发了非虚构创作的惊人热潮，"丧家犬"一词瞬间蔓延至全国，大小媒体纷纷制作"丧家犬"特辑。而开启这一热潮的，就是《周刊文春》和《周刊朝日》等以男性读者为主的杂志。

---

①日本存在"丙午女人性子烈克夫"的迷信，源自江户时期"丙午年多火灾"及菜店阿七为恋人纵火的故事。1966年，这一迷信依旧深入人心，出生率较上一年降低了25%，但当时日本并未进入少子化，1966年前后的出生人数都出现了小高潮。——译者注

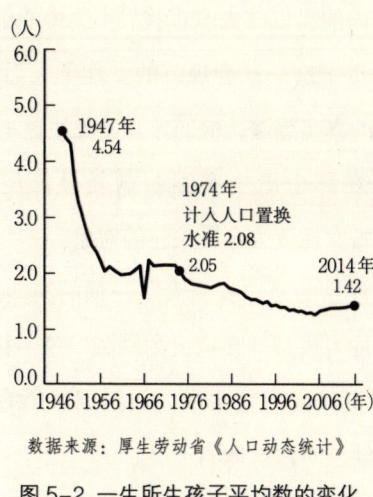

数据来源：厚生劳动省《人口动态统计》

图 5-2 一生所生孩子平均数的变化

当时的责编分析道："形成热潮的原因在于，以中年男性集团为中心的年龄层，普遍对这个词产生了共鸣，他们的下属和女儿就属于'丧家犬'的范围。"

该书出版时间为 2003 年 10 月。同年 6 月，时任首相的森喜朗在探讨少子化问题的会议上做了发言："一个孩子都不生的女性在享受自由的过程中渐渐变老，最后又要靠税金来照顾，这太说不过去了。"

虽然发言堪称蛮横，但也暴露了一个事实，即包含森前首相在内的、以"大叔世代"①为中心的人们认为，脱离了结婚生子这一社会规范的女性令人无法理解，为了弄清她们的真实想法，他们才开始关注这本书。

可见，在那个出生率不断刷新最低纪录的时期，"30+"的未婚女性成为全民关注的对象。

更应该注意的是"丧家犬"一词的演变后来脱离了书籍原意，或者说被"丧家犬的呐喊"这一标题误导了，他们并没有真正看过这本书，或是因对婚育的"信仰"过于顽固而缺乏对该群体的理解。

只要读过书中内容便知，酒井并没有否定"丧家犬"这一群体。在这个婚姻状况不再对人构成束缚的时代，选择单身在经济和时间方面都更加自由、无拘无束。"丧家犬"这一称呼是对自身立场的戏谑和自嘲，同时也表明了"尽管如此，这种活法也不错"的终极讽刺。

可是，"丧家犬"一词还是不受控制地脱离了书籍讨论的范畴，现在已经成了青年女性的反面教材。

上文提到"丧家犬"的定义是"30岁以上未婚未育"，但实际上，前面还要加入一个定语，即"漂亮能

---

1 "大叔世代"指受父权思想影响比较严重的一代人。有时专指日本婴儿潮世代的男性，有时也泛指思想保守的中年男性。

干"。也就是说,《丧家犬的呐喊》中出现的"丧家犬",都以事业和经济实力为大前提。

其后爆发的"丧家犬论争"也以"丧家犬女强人 vs 赢家犬专业主妇"的形式展开,而既没有事业也没有经济实力,但人数应该不少的"丧家犬"几乎被无视了。

作者酒井出生于1966年泡沫经济最盛期,想必是拼命工作享受生活之余,主动选择成了"丧家犬"。可是之所以能够自嘲"丧家",正因为生活上很宽裕。没有事业也没有经济实力的"丧家犬"基本不存在胜算,也就无法形成"赢家犬 vs 丧家犬"这种对立。

该书的"丧家犬"在生育方面可能没有为"国家"做贡献,但是她们努力赚钱,支付税金,为国家的经济贡献了力量。可是现在,大多数"丧家犬"不仅没有生孩子,也没有赚钱,她们极有可能变成不缴纳税金的社保负担。在这种情况下,青年女性理所当然会对"丧家犬"的称呼产生抵触心理。

无缘社会、地震、牵绊

在"丧家犬"引发热潮的时期,雇佣不稳定化和社会贫富分化也被视为重大社会问题。

NHK特别节目先后在2005年和2006年制作了《自由者漂流》与《穷忙族》节目，探讨青年的非正式雇佣和贫困问题，引起社会广泛关注。

2010年1月，《无缘社会》正式播放。节目列举了警方和自治体都无法确认身份的"行旅死亡者"[①]和无人认领的遗骨去处等问题，重点关注了高龄单身人士孤独死的现象。近年来，地缘、血缘、社缘关系逐渐瓦解，每年有3万多人在无人看护中孤独死去，这给观众带来了巨大的冲击。随着老龄社会不断发展，高龄单身人士急剧增多，这一风险也随之不断扩大。

节目播出后，反应最大的集中在30—50岁年龄层。网络上不断有人评论"难以置身事外""再这样下去我可能也要无缘死"，留言数超过三万条。其后，关于无缘社会的节目不断播出，书籍也先后出版。

与此同时，"无缘社会"一词给人认同"有缘""有家人依靠"，否认"无缘""没有家人依靠"的印象。有关无缘社会的大多数书籍指出，修复战后逐渐瓦解的地

---

①指姓名、籍贯、住址皆不明，并且无人认领遗体的死亡者。

缘、血缘、社缘关系固然重要，但发现新"缘"来代替旧"缘"的工作也非常重要。可是实际上，这个词语有很强的独立性，可能逐渐衍生出了贬低无缘无家之人、将其归为自身责任的意味。

高龄单身人士的贫困率一直居高不下，可以说，随着"无缘社会"一词深入人心，单身且没有家人成了一种强烈的恐惧。

与"无缘社会"前后脚成为热潮的词，就是被评为2009年流行语的"婚活"。最初使用"婚活"一词的是社会学家山田昌弘与少子化报道记者白河桃子，他们在发现者21出版的《"婚活"时代》（2008年）中提出了这个说法。他们认为所有人都能结婚的时代已经终结，人们要像从事"求职活动"一样，积极为结婚努力。这一主张引起了众多青年和父母的共鸣。

自1965年以来，恋爱结婚的全盛时期持续已久，但"婚活"热潮以后，采取熟人介绍和婚介服务等类似旧时相亲形式的人逐渐增多。在这个"婚活"热潮的背景之下，可以想见"丧家犬们"对等待她们的"无缘社会"心怀恐惧。

2011年3月的日本大地震加剧了对无缘社会的恐惧，

回归家庭的趋势也越来越明显。席卷大都会的地震袭来，在恐惧和不安中度过的3月11日晚上，电视上播出了因交通瘫痪不得不从工作地步行回家的画面，他们前方有自己深爱的宝贵"家人"——反观自己，却没有自己珍视和珍视自己的人，许多单身女性处在大地震之后的停电和余震的惊恐中，切实感受到了孤身一人的困境。

在那以后，让人深深感慨"家人"和"牵绊"之重要的现状依旧持续。公益广告无不宣传人与人的牵绊，在避难所感动重逢的家人、地区的牵绊、同事的牵绊都重新获得了关注，人们携手共同走向复兴……这是任何人都无法否认的美妙光景。

地震过后，步入婚姻的人数也有所增多。地震发生近一个月后，某家百货商场的婚戒营业额比平时增加了四成，向婚介机构索取介绍和申请入会的人数也相应增多。女性杂志还制作了《现在就想结婚不行吗？寻求陪伴的关系婚姻》(《MORE》，2011年9月号)等特辑。

可以说，在未婚化日益深入的过程中，由于"无缘社会"这一概念的普及和日本大地震的发生，以青年人为首的许多人开始回归家庭。

一亿总活跃社会^①的"育儿支援"目标

现在的转变趋势越来越明显。因为安倍政权将女性活跃（增加女性的活力）作为成长战略的支柱，并为此出台了一系列政策，旨在打造更便于女性工作及生育的社会环境。

可是针对少子高龄社会的措施早在安倍政权以前就已经在推进。十几年间，《育儿、看护休业改正法》（2001年）、《工作与生活平衡宪章》（2007年）等法律法规陆续颁布（表5-1），女性正在从"只能工作或生育"变为"工作生育可兼顾"。

2015年9月，第三次安倍内阁在成立的同时打出了"一亿总活跃社会"的目标，将新"三支箭"的其中之一定为"构筑梦想的育儿支援"（目标出生率1.8）并大加宣扬。顺带一提，另外两支箭是"孕育希望强大经济"（GDP 600兆日元）、"安心的社会保障"（杜绝因照顾家庭而放弃工作）。政府马上举行阁议，将"推进三代同居、

---

①第三次安倍内阁提出的目标。内容包括改善少子高龄化现象，确保50年后日本人口保持在1亿水平，并且所有人都能在家庭、职场、地区积极活跃。

表5-1 近年针对少子化的相关法律法规政策一览

1994年	《天使计划》
2000年	《新天使计划》
2001年	《育儿、看护休业改正法》
2003年	《下一代培育支援对策推进法》《少子化社会对策基本法》
2004年	《少子化社会对策大纲》《幼儿、育儿支援计划》
2007年	《工作与生活平衡宪章》
2010年	《幼儿、育儿展望》
2013年	《消除"待机儿童"加速计划》
2015年	《一亿总活跃,"制造梦想的育儿支援"——目标出生率1.8》

近居"作为育儿支援的一环,同时"争取积极实现"待机儿童①数量为零。

同月,日本官房长官菅义伟针对国民人气男星与女性结婚的消息发表看法:"希望妈妈们以积极生育的意愿为国家做贡献。"

2016年2月,大阪市某中学校长在全校集会上发言:"对女性而言,最重要的就是生两个以上的孩子。这比工作和事业更有价值。"此发言引发人们热议。有人批判这种发言对想生孩子却生不了的女性考虑不足,同时

---

① "待机儿童",指申请进入政府认定的公立保育所且符合入所条件,却因设施、人手不足等只能在家排队等空位的0—6岁幼儿。

也有许多意见称:"校长的看法很实在,但不应该在公开场合说出来。"另外在4月,某顶级偶像(23岁)在富士电视旗下的谈话节目中对参加节目的安倍首相说:"只要身体条件允许,我希望一直生孩子为国家做贡献。同时我也要努力工作。"

"生育""国家""贡献"这些关键词连在一起,容易让人联想到"二战"前的"为了国家多生多养"。为了救日本于存亡之机,解决少子化问题迫在眉睫,这点谁也无法否认。

不是优等生的妹妹成了更上等的女人

黑木亚纪女士(39岁),最近被小学二年级的外甥女刺激到了。

亚纪,你知道吗?超过四十岁就生不了小孩了。

黑木女士回忆道:"我不知道那是谁教她的,总之听了特别伤心,连回答'对呀,所以××要早点当上新娘哦'的力气都没有了。"

黑木女士目前在一家家族企业做行政。她毕业于某知名私立大学，突破重重难关进入一家时装公司，被分配到了营业岗。

那份工作要经常到外地出差，每次都有新收获，也有很多开心的事情。可是每天实在太忙了，那个部门只有我一个新人，所以连内部的总务和杂事都要我完成。因为过度疲劳我还患上了带状疱疹，还住过院。

20世纪90年代中期，为了抵消泡沫时期大量招聘造成的劳动力冗余，企业纷纷减少新人雇佣，导致许多公司"新员工只有一个""过了好几年都没有后辈"。

因为父母反对我一个人住，所以我每天要花将近两个小时坐车到市里，下班回到家往往已经过了午夜。这种生活搞得我疲惫不堪，三年之后就离职了。

黑木女士也曾尝试在休息日接受香薰疗法缓解，还去上了香薰疗法课。课程结束后，她收到了香薰治疗师的邀请，很快就走上了正式服务岗位。

我在做疗程的时候，前辈全程站在门帘外面，听我和客人说的每一句话，还在特别琐碎的地方对我发出警告。店里还有非常严苛的营业额目标，如果不当场跟客人谈好下一次疗程的预约就要挨骂。工资会根据点名服务的次数涨跌，还有可能被裁员，所以店里的气氛一直都很压抑。

黑木女士和蔼可亲，受到许多客人青睐，结果就成了前辈的眼中钉。

　　香薰疗法明明是为客人提供身心抚慰的工作，现实却让我彻底幻灭了。再继续下去也只会越来越痛苦，所以我只做了几个月就离职了。

当时，黑木女士的母亲正好提出希望她帮忙家业。

　　其实妈妈一直在说，可我清楚帮了第一次就有无数次，所以一直在逃避。后来他们说店里生意不好，请不起店员了，我也就没再拒绝。

黑木女士向来是让母亲满意的"好孩子"。她从小学就去上补习班，考上了母亲喜欢的名门中学，她喜欢绘画，想在大学学习素描，但母亲说"学美术没用，你要想想家业"，她只好选择了经济系。

相反，妹妹却几乎没有被母亲施加任何压力，从小到大一直很自由。

> 我妹是那种男朋友不断的人。她短大毕业后马上离开家跟男朋友同居了。而我上学时门禁却很严，直到现在都不允许我一个人搬出去住……

后来，妹妹与一个经营公司的商人结婚，还生了两个孩子。

> 妹妹生了女儿后，母亲的关心就全部放在了外孙女身上。有一次母亲说："你以前是比妹妹优秀，不过现在妹妹跟社会精英结婚生子，抓住了幸福。这么一比，你一年到头住在父母家就是不孝。"我当时就听到脑子里有根弦绷断了。

她长年被母亲管束,在年近四十的时候总算下决心离开。可是黑木女士十几年来一直在家中料理家务,并没有掌握什么特殊技能,很难找到工资足以维持自立的工作。

全方位的少子化应对政策

以前的少子化应对政策主要以创造便于抚养子女的社会环境为基本理念,将实施重点放在杜绝等位儿童的"育儿支援"和控制长时间劳动的"工作方式改革"上。无须明言,其主要对象是已婚男女,主要为女性。但是近年来,这一对象扩大到了未婚男女(包含儿童)等。

内阁府"突破少子化危机工作组"的总结计划明确了以下内容:"为了提高应对少子化政策的效果,要以行政为首,举国民、企业、学校、媒体等利益相关者之力,围绕结婚、妊娠、分娩、育儿展开观念改革,全面铺开并推广突破少子化危机机制。"

政府表示要推进"无缝支援""结婚→妊娠→分娩→育儿"的行动,对妊娠之前的"结婚"阶段也展开了积极支援。

从2013年度起,"地区少子化对策强化基金"被交付到各行政部门和地方自治体,婚姻支援事业愈发活跃。其形式包括组织联谊会和派对以及一对一相亲,其中许多远远胜过民间婚介机构的活动。

在茨城县,政府部门设置了"婚姻支援者"岗位,为市民和地区提供服务。有意愿结婚的男女可以携带照片和个人资料到支援者处进行"配对"。这一岗位七年间已经撮合了超过100对男女。

图5-3 "横滨女子会——为有意愿结婚人士提供婚姻援助的研讨会"传单(2015年2月)

在大城市,通过该基金展开的活动也十分活跃。横滨市尝试举办了将婚育纳入视野的事业规划研讨会。2015年2月,还举办了"横滨女子会——为有意愿结婚人士提供婚姻援助的研讨会"这一大型婚姻支援活动。研讨会除了邀请婚介中心顾问进行演讲,还针对家长开展办了专项活动。

作为"无缝支援"而兴起的另一项活动,就是"妊娠、分娩等信息提供与普及启蒙"。

2015年3月,内阁会议上敲定的《少子化社会对策大纲》中提到:"在学校教育阶段,应当在教材中加入妊娠、分娩等相关医学与科学知识。"

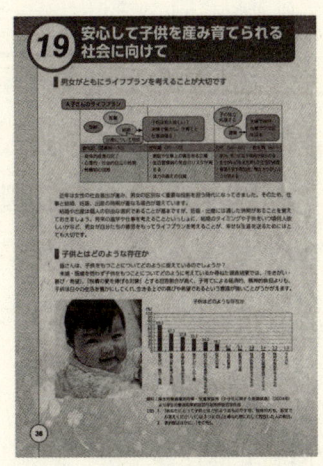

图 5-4 文部科学省面向高中生制作的辅助教材《健康生活指南》(2015 年)

同年 8 月,文部科学省发行了《健康生活指南》作为高中保健体育的辅助教材。该书列举了二十二项吸烟、毒品和生活习惯病预防的措施,并在"家庭与社会"和"妊娠与分娩"这两项中介绍了关于不孕及妊娠、分娩的知识。

教材中提示了女性各个年龄段的妊娠难易程度及围产期死亡率,并有如下记述:"从医学角度来看,女性最适合妊娠的时期是 20 岁到 30 岁之间,从 30 岁开始,妊娠能力就逐渐下降,一般到 40 岁以后,妊娠就会变得比较困难。"

顺带一提,这份图表在发表后接连收到投诉,投诉称"25岁以后的数值下降太夸张,明显有问题",随后进行了数据订正。东北大学副教授田中重人等明确提出:这并非数据错误,而是有意篡改。但文部科学省直到现在都没有承认。

除了这份辅助教材,还有埼玉县的《若许愿,"送子鹳"是否会来?》、横滨市的《妊娠、分娩My Book》(时间皆为2015年)等,各个自治体都制作并发布了不孕不育等相关知识启蒙的小册子等给予帮助与支持。

可是这些启蒙活动理所当然地将结婚和生育这些"人生大事"编入,丝毫不考虑人们的选择权和多样性——明明社会中也有不想结婚的人、不想要孩子的人、想要孩子却怀不上的人以及性少数群体。

在可谓全方位地应对少子化政策的推进过程中,还存在着因"婚活"和"妊活"而倍感压力,但仅凭自己的努力无法解决任何问题,只能活在痛苦中的单身青年女性。

早知道就该硬生

野口真纪子女士（37岁），两个月前搬进合租房，开始了新生活。她25岁左右就离开了父母家，但这是头一次过上独居生活。

> 我跟男朋友同居了将近10年。我在商店做店员，他在饮食公司工作。我们俩的生活都很不规律，收入也不稳定。他的想法就是要等到经济稳定之后才考虑组建家庭，生孩子。

野口女士高中毕业后进入一家时装公司，其后一直以临时工身份在女装店铺工作。等她回过神来，两人已经同居了10年。野口女士希望结婚生小孩，同居对象却希望经济先稳定下来，两人的矛盾越来越大。

> 快到35岁的时候，我越来越烦恼。如果一直跟他过下去，根本看不到未来。可是我又没有勇气分手。这个年纪才开始孤身一人，我不知道自己能不能做到经济和精神独立。

其后，由于母亲需要看护，她借机辞掉工作，离开男朋友回到了自己家。母亲去世后，她也没有回到原来的同居对象那里，而是决定一个人生活。

当时我承受了很大的精神压力，对独居生活有些不安。就在那时，我发现了不需要缴纳押金和礼金，房租还很便宜的合租房。虽然浴室和厨房要跟人合用，生活多少有点不方便，但我觉得这样可以让自己一点点习惯一个人的生活。现在我找到了一份婚礼会场的合同工，发现这段时间大肚子的新娘特别多。我曾经以为自己会像别人一样结婚生小孩，结果一不留神就落下了这么多。有时我甚至会想，早知道这样，同居期间我就该狠下独自抚养的决心，硬生一个。

非正式雇佣者寻找结婚对象也很不利

未婚化和少子化的一大要因是青年男性的工作不稳定。实际上，男性收入确实与婚姻率呈正相关。也就是说，年收入越低的人，未婚率就越高，年收入越高的人，未婚率就越低。这一趋势长年以来一直没有变化。另外，

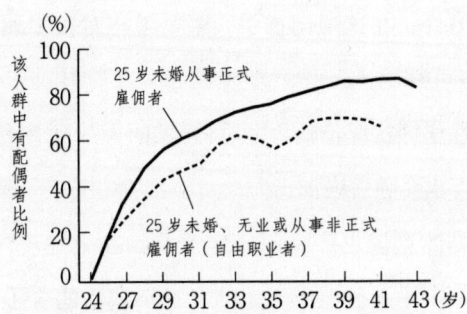

数据来源：樋口美雄、太田清、家庭经济研究所编《女性的平成低迷》（日本经济新闻社，2004年）

图 5-5 25岁无业或自由职业女性与正式雇佣女性员工中有配偶者比例（全出生群组）

在第14次出生动向基本调查（国立社会保障、人口问题研究所，2010年）的"阻碍结婚的因素"一条中，超过40%的男女选择了"经济问题"。受访女性当中还包括有男朋友的女性，其中不少人表示由于彼此经济不稳定，很难考虑结婚。

女性虽然不及男性那般明显，但正式雇佣的女性与非正式雇佣或无业的女性相比，婚姻率和生育率明显更高。家庭经济研究所10年的小组调查（2004年）（图5-5）显示，25岁的未婚女性中，曾经从事正式雇佣工作的比无业或自由职业的结婚率和生育率高。

另外，在这项调查中，未婚者相对较多地倾向选择"经济可靠的人"作"理想结婚对象"。由此可以推测，若男性雇佣状况不佳，"经济可靠的人"显著减少，结婚的难度也会随之增加。

男性意识也产生了一定变化。在上述《"婚活"时代》一书中，创造了"婚活"这一词语的少子化调查记者白河桃子断言："如今靠结婚已经无法维生。"过去，许多男性认为"妻子应该在家当全职主妇"，但是如今即使是正式员工也很难得到加薪，前景并不明朗，"希望妻子出去工作"的男性占据了压倒性多数。因此白河主张："要想在'婚活'市场中胜出，女性也要有一份稳定的工作。"

青年女性对现在的状况深有体会，受访女性也道出了各种心声："我自己的工作都不稳定，结婚对我来说简直太奢侈了。""每天赚钱吃饭就够累了，很难想象恋爱和结婚。""跟我交往的男性不是正式员工，所以无法考虑未来。"

贫困女子也要生

可是,女性也有生理极限。如果一直等到工作稳定,能存下钱的时候,往往就太晚了。于是,有的单身女性决定向妊娠和分娩发起挑战,独自抚养孩子。

创作了《单身分娩》(集英社创美,2014年)这部漫画的七尾柚子女士便是其中一个。"我不要钱,不要男人,只想要孩子。"漫画以主人公的宏愿为始,讲述了七尾女士的亲身体验。

七尾女士虽然有个比她年纪小的男朋友,但是对方债务累累,连国民健康保险都没有缴全,是个散漫的男人。而另一方面七尾女士仅靠画漫画难以维生,即使加上兼职收入,一年也不足200万日元,维持单身生活已经捉襟见肘。

未婚、贫困、年近四十的七尾女士开始强烈意识到"女人的时限",决心"一个人"生孩子。她以孩子出生后不要求抚养费和认亲为条件请男朋友提供协助,前往妇产科咨询了排卵期,并在"妊活"开启五个月后成功怀孕。

可是,其后的一切都异常艰辛。七尾女士一个人生活，年收入不足200万日元，而且存款为零，是个名副其实的"贫困女子"。怀孕不仅有产检和分娩费用，而且身为自由兼职人员，她并没有产假工资。按照规定，被雇佣者一年产假期间，将由劳动保险支付基本工资的大约一半金额，并且免除社会保险费，但是七尾女士并没有享受那种待遇的资格。

对她来说，唯一的依靠就是政府制度。她来到自治体的行政服务窗口，告诉工作人员自己是非婚生子，很快就被和蔼的工作人员推荐了生活保障。此外，她还得知"助产制度"可以由国家支付分娩费用，分娩之后可以领取儿童抚养补助金等各种补助。但事实上，她并不是住民税免除的对象，因此无法利用制度来减轻负担。

考虑到分娩所需的费用和分娩后相当一段时间无法工作，七尾女士决心先存100万日元，便同时做了饭店服务员、活动工作人员、电话中心接线员等好几份兼职。由于担心雇佣方以怀孕为由不要她，七尾女士隐瞒了怀孕的事实，每周五天中有三天是深夜勤务，就这样一直工作到了分娩十天前。

更让七尾女士烦恼的是家中的母亲。当她将非婚生子的决心告诉母亲时，注重面子的母亲当场拒绝了她回家生孩子和帮她带孩子的请求。

这些困难过后,七尾女士终于顺利生下了孩子,目前正在努力育儿。因为漫画里融入了七尾女士想成为母亲的强烈愿望和新生儿所代表的希望,整体并没有变成灰暗的故事。尽管如此,这部漫画还是让人们重新认识到,贫困女性非婚生子是多么的困难。

极端低迷的非婚子女出生率

在日本,鲜有人会像七尾女士那样选择成为非婚生子的单身母亲,非婚子女出生率一直停留在2%。这在国际上也是一个非常低的数值。

现在,法国和瑞典每两名新生儿就有一名非婚生,其他欧洲国家和美国的非婚子女出生率也超过了四成。法国、瑞典的出生率维持在1.8以上,属于OECD(经济合作与发展组织)加盟国中出生率较高的国家,但是日本和意大利等非婚子女出生率较低的国家,出生率一直停留在1.3前后,可见非婚子女出生率会给少子化造成影响。

欧洲各国的非婚子女之所以增加,主要基于同居和

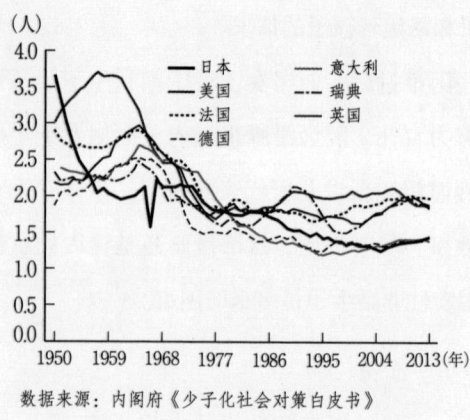

数据来源：内阁府《少子化社会对策白皮书》

图 5-6 主要国家特殊出生率的推移

事实婚姻也能拥有与法律婚姻同等权利的完善制度。法国 PACS（紧密关系民事协议）和瑞典《同居法案》虽然不承认这类关系的继承权，但是保障了养老金待遇和税制方面的优惠。

再看日本，对非婚子女的区别对待一直持续至今。若要应对少子化趋势，首先应该杜绝对非婚子女的差别对待，同时对非婚生子的单身母亲展开积极支援。

大月明日香女士（32 岁），也选择了非婚生子。目前她正在努力抚养 6 岁的女儿和 3 岁的儿子。

我无法认同日本的婚姻制度,所以从一开始就没有考虑过结婚。我对自己的选择一点都不后悔,但是中间也有很多意想不到的苦难,比较坎坷。

大月女士是一名补习班讲师,曾经因为收入较为丰厚,经济方面并没有太多不安。但是自从女儿患上重度哮喘,需要反复住院后,她的生活就发生了改变,因为她不得不辞去工作。

女儿的病经常在夜里发作,每次都必须第一时间送去医院,所以我很难坚持全职。实在没办法的时候,我就只能向电车路程一小时开外的父母求助渡过难关。

大月女士通过在家工作和儿童抚养等补助勉强维持着生计,市政府还向她提议过最低生活保障。

生活保障是个很重要的制度,但为什么只有这个呢?比如外面很难找到能够托管患病儿童的机构,学童保育的结束时间也过早,这种机制让人想工作都无法工作。

此外,大月女士还表示很难接受非婚单身母亲不能享受鳏寡优惠待遇的事实——曾经这种待遇只适用于鳏寡人士,现在离婚人士也同样适用。①

由于保育费用和公营住宅的房租都能适用鳏寡优惠,享受不到这个优惠就会产生很大影响。另外,我每年到行政中心办事时都要被提问是否与男性同居。假设有同居对象,我就无法领取儿童抚育补助。虽然知道他们是在照章确认,但这样也太失礼了。

2016年,自民党"守护家庭关系特命委员会"提出:"不应该提倡年青一代所谓的事实婚姻,而要鼓励法律上的婚姻。"还打出了没有收入限制的"夫妻优惠"政策。

从政府想要实现的结婚→妊娠→分娩→育儿这种"无缝支援"可以看出,很明显,他们不愿意承认不按这个顺序组成的家庭,比如没有经过"结婚"步骤的非婚

---

① 2019年12月10日,日本自民党和公明党就鳏寡优惠待遇适用对象扩大到未婚单亲一事达成了共识。(日本《每日新闻》)

母亲。此外，与儿童收养非常普遍的欧美各国相比，日本的特殊养子女制度条件极为苛刻，手续很难办理，因此并未推广开来，这是本国的特色。在家庭形式多样化的潮流中，日本直到现在还拘泥于符合"传统家庭形式"的少子化施策，可以说是与时代逆行。

少子化的大旗

本章探讨了年近四十的单身女性对结婚和生育的复杂思考，以及她们的婚姻观念与家庭观念的变迁。

20世纪80年代后半期，在《男女雇佣机会均等法》和泡沫经济的推动之下，女性进入社会的趋势开始明显，结婚生子不再是女性唯一出路这一观念迅速普及。可是，在"单身女王"和"丧家犬"这些经济独立的单身女性光环之下，却潜伏着雷曼冲击和地震灾害。

现在的社会更重视家庭和牵绊，单身成了一种风险较高的生活方式。非正式雇佣、未婚、无子——本章开篇介绍的寺本女士说，她觉得这样的自己就像一笔"不良债券"。

安倍政权一直将促进女性活跃作为经济增长主战略。

可是，与促进女性活跃相关的政策全都与日本的少子化这一迫在眉睫的问题紧密相关。想必有不少人对此感到了异样和不适。

曾经有一名大臣因直言"女性就是生育机器"，遭到了集中抨击。可是为了经济性功利和应对少子高龄化，促进女性活跃这一方针无异于将女性"物化"，与上述发言并无两样。

有人主张，为了应对少子化，首先应该为青年提供稳定的雇佣和生活保障。实际上，自21世纪初以来，青年男女的非正式雇佣化和收入减少直接造成了结婚和出生率的降低。然而，这种情况不管是否与少子化趋势有关，都应该得到改善，体面工作也应该得到保护。雇佣的非正式化和贫困化意味着青年的未来选择和可能性（当然不仅仅指婚育）不断变小，这才是真正的问题所在。

"家庭""牵绊""孩子"——任何人都难以否定这些关键词的重要性。但是这些关键词正在让单身女性受到束缚，加重了她们的烦恼。有血缘关系的家人和孩子并不是拥有羁绊的唯一途径，本书反倒揭示了许多因为家人才产生的困难。尽管绝非易事，但不依赖血缘关系，而是去发现更为丰富的关系，应该也是一种解决对策。

第六章　女性的割裂

事业、丈夫、孩子，一无所有

我以为自己比一般人更努力，可是等我反应过来，周围的人已经事业有成、有丈夫、有孩子了。可能因为我努力不够吧，一想到这点，我就非常痛苦。

川口澄子女士（42岁），家在四国地区，一直以来的优等生、好孩子。她考上了县里最好的高中，一边在篮球部训练一边忙考前复习，还一次就考上了关西地区很难考上的私立大学。由于父亲去世，家中并不宽裕，她一边打零工赚房租，一边担任着橄榄球部的经理。

打工、社团活动和学习把我忙得不可开交，但我觉得很充实。上大学后我才发现，有些事情再努力也没用，女性会因为外貌和身材被别人指指点点。有的女性可以仅仅因为漂亮可爱就广受欢迎。上高中时,我还坚信人只要努力一定有回报,很久之后才明白过来,原来世界并非如此。

后来,川口女士在求职中遭遇了人生第一次挫折。她开始求职的时间是1995年。那年发生了阪神大地震,还有地铁沙林毒气事件①。就在几年前,泡沫经济崩溃,招聘也从卖方市场瞬间堕入了超冰河期。

川口女士希望发挥自己的英语特长,便去应聘了旅游和航空行业,均以惨败告终。在求职后期,她甚至不问职业广撒网,却依旧不顺利。

大学毕业后,川口女士不得不一边打零工一边找工作。

> 我觉得,要是回到只有母亲一个人的老家,我可能再也去不了大城市了。我很爱母亲,不希望让她担心,所以想进入一家有名的大公司让她放心。

其后,川口女士又不拘泥于大企业,继续寻找,最

---

①指1995年邪教组织奥姆真理教成员在东京地铁内投放沙林毒气的恐怖袭击惨案。

终收到了一家大型旅游公司旗下的活动策划公司发来的offer。那里无论男女都只招聘综合岗位，任何人都可以发挥特长。

> 那份工作让我很受用，因为我原本就想找一份英语类的工作，但是，经常需要休息日上班，每天加班到晚上9点是常态。因为公司氛围偏向体育社团风格，往往通过训斥和激励来培养新人。公司会把重要的工作安排给新人，新人压力也非常大。但是我精神比较脆弱，每次有重要活动时，都会在事前搞垮身体。前辈的斥责让我很痛苦，甚至因为压力而得了荨麻疹。

最后，川口女士只在那家公司待了三年。身体状况在她离职后马上有了好转。于是她开始重新找工作，不久就在大学谋得了岗位，负责接待外国研究人员和留学生。

> 我被那份工作的内容吸引了。但是有一个问题——这个岗位不是正式雇佣，而是签三年合同的合

同工。当时非正式雇佣还不像现在被视作问题,我觉得三年之后再找工作就好,便高高兴兴地去应聘了。

这份工作的薪水比之前少了很多,但是胜在有奖金,足够维持川口女士的独居生活。

三年合同结束后,川口女士又成了另一所大学的合同工,这回是教授秘书,合同期限为五年。那份合同结束后,她又在另一所大学待了五年……经过几番辗转,她现在依然在某大学做教授秘书。

> 等回过神来,已经过去十几年了。每次合同结束,我都想找一份正式工作,但是考虑到劳动时间等因素,我又会心生迟疑。我已经离不开大学这个温水池了。

川口女士以合同工身份工作的十年间,大学的雇佣条件不断恶化。在一连串的行政改革浪潮中,国立大学成为国立大学法人,越来越多的岗位成为临时工,还出现了"官制穷忙族"这种说法。川口女士的工作待遇也随之恶化,工资中不再有奖金,现在的月收入不足12

万日元。

因为不在首都圈,房租比较低,只要争取每顿饭都自己做,就能勉强支撑。但是这样一分钱都攒不下,所以理所当然会担忧将来。

但是,川口女士目前最担心的是,现在这份工作的合同可能还有半年就终止了。

我现在辅助的那位老师半年后就要离开教研室,那时我就没有工作了。虽然我跟大学签的合同还有一年,但有可能突然终止。我现在已经过了40岁,没有任何正式雇佣经验,不知道能否找到下一份工作。每次想到这里我都会担心得睡不着觉。

老家的母亲不仅不知道她可能还有半年就要丢掉工作,甚至对她一直做合同工的事情也一无所知。川口女士曾经有过几次成为正式员工的机会,但她觉得都被自己白白浪费了。

大学定期会举行转为正职的考试,我也去领过申请表。可是考试的通过率非常低,我冷静一想,同样是转正,人家肯定更愿意选择年轻人……进入社会以来,我什么建树都没有,一直混到了现在。所以我不禁怀疑,像我这种没有丝毫附加价值的人,真的能找到立足之地吗?

假设现在这份工作结束后,川口女士能找到另一所大学的合同工岗位,那也必须在三年或五年后重新寻找工作。当她45岁、50岁时,还能找到愿意雇佣她的地方吗?不安无止境地向川口女士涌来。

没有稳定的工作,也没有成家……我现在没有一样能让自己踏实的东西,太痛苦了。

而这种无法向人倾诉的痛苦也把她逼到了极限。

老同学都结婚了,正忙着带孩子。她们这么忙,应该不想听我倾诉我可能很快就要丢掉工作的事。我有时也会跟朋友见面,但还是感觉我们处在不一样的世界……不过大家可能都差不多。朋友虽然表面无所谓,其实可能也有很多烦恼。我们在一起只会谈让人开心的事情,但是会随时调整话题,避免触及深层部分。

川口女士说,她为年近四十却没有结婚生子而感到自卑。

我不希望别人可怜我,所以完全不把那种情绪表露出来,而是假装自己在享受独身生活。但实际上,我心里特别痛苦。尤其是别人为了照顾我的情绪,刻意绕开婚姻和家庭话题的时候,我会很受不了。

最近,大学教研室开了一场送别会。一个与川口女士同龄的女研究员即将赴海外留学,所以大家决定为她送行。

那位研究员有两个孩子,听说她要把孩子带去留学,让丈夫一个人留在日本。聚会时大家七嘴八舌:"如果是我,肯定要跟家人一起过去。""如果是我就选择享受独居生活。"只有我无法融入那个圈子。中途有人发现了这点,便为了照顾我换了个话题。这种体贴最让我难受。我会觉得自己破坏了聚会的气氛,坐立难安。

巧的是,决定出国留学的女研究员正好跟川口女士毕业于同一所大学。

她一边养育两个孩子一边追求事业的样子特别帅气,同为女人,我对她敬佩不已。我觉得自己的努力还不够,同时又感慨我跟她之间的差距如此之大。尽管我知道跟别人比没有意义,但还是忍不住,最后心灰意懒。

川口女士从未对结婚产生过焦虑。因为她觉得不管早晚,只要时候到了自然就会结婚,而且也没有把结婚当成幸福的唯一形式。她认为,对工作胸怀抱负,从中找到自己的价值,并追求自由的"单身女王"生活其实也不错。

但是快40岁的时候,我开始预感到今后可能没办法让母亲抱上外孙了。既然没法让她抱上外孙,那至少要把工作稳定下来,好让母亲放心吧,但是也不顺利。我曾经以为工作、婚姻和生育都会顺其自然,万万没想到"顺其自然"竟会这么难……

割裂的1985年

面对事业和子女双全的同龄女性,川口女士感慨道:"为何明明毕业于同一所大学,大家的差别却如此之大?"确如川口女士所言,女性之间的差距正在不断拉大。学历导致的差距自不必说,即使在高学历人群内部,也同样发生着分化。

第一个将女性间逐渐扩大的差距形容为"女女格差"的是人才派遣公司社长奥古礼子。其后,经济学家橘木俊诏于2008年出版了《女女格差》(东洋经济新报社)。该书开篇提出,"在论及差距问题时,人们往往只聚焦于一家之主,而实际上,女性之间也存在差距"。作者认为,决定女性差距的不仅仅有家庭收入,还有教育、婚姻、子女、工作、相貌等。

那么，正在青年女性中逐渐扩散的两极分化现象始于何时？本书将回溯到《男女雇佣机会均等法》施行，并号称"女性割裂元年"的1985年展开思考。

这几十年来，女性的雇佣状况发生了极大变化，女性能够活跃的舞台也迅速扩大。距今约30年前的1985年，《男女雇佣机会均等法》正式施行。其后，禁止深夜勤务等只针对女性的强制保护规定也被撤销。

随着《均等法》而诞生的便是跟男性从事同样工作的女性综合职位。《均等法》施行后，工作岗位被分为"综合职位"与"行政（事务）职位"两类，实际上志愿从事"综合职位"的女性只占一小部分，而绝大部分女性则倾向于选择没有工作调动，以辅助性工作为中心的"行政职位"，因此女性的割裂和两极分化并没有马上出现。

1985年《均等法》施行时，女性的大学升学率为14%，短大升学率为21%，那个时代，女性即使有考大学的实力，也会担心学历过高影响就业和结婚，最后有意选择短大。

短大毕业的女性就业率也比大学毕业的女性更高。当时大型商社和城市银行的"行政职位"是以"短大女生"为中心的"优良"岗位。这种现象中必然包含"反正女性的工作都是骑驴找马,结婚以后往往马上辞职""既然都是'准新娘',肯定越年轻越好"的想法。

在20世纪80年代后期的泡沫经济全盛期,大部分短大和大学毕业的女性都在主板上市企业找到了工作,这些可支配收入高、努力工作、积极玩乐的女性成了社会关注的焦点。部分青年女性体会到了工作稳定、收入稳定、可以自由生活的乐趣之后,就脱离了"骑驴找马"的状态。婚后希望继续工作的女性不断增多,她们也越来越追求工作和事业的价值。也正是在这一时期,社会开始关注辞去工作出国留学,或是亲自创业,在工作和生活中找到价值的女性。

可能受这些女性水涨船高的自立意愿影响,20世纪90年代后半期,女性大学升学率超过四成,甚至高于男性大学升学率。其中尤为显著的是,女性选择的升学方向从短大转向了大学。以1996年为界,女性大学升学人数反超短大升学人数,原本雇佣短大应届女生的倾向也转为雇佣大学应届女生。

在女性大学升学率提高的同时,泡沫经济也以崩溃告终,就业形势骤然恶化,进入了形势严峻的"冰河期"。《均等法》颁布后,以综合职位女性为代表,越来越多的女性开始在企业中活跃起来,但是当时社会并不认可这种活跃,人们以为仅仅是因为处在泡沫经济时期,经济情况良好而已。从其后青年女性惨不忍睹的就业情况中也可以窥见这点。

就业冰河期给大量青年带来了严苛的考验,但最受影响的便是早已脱离"主流派"的短大毕业女性。到90年代前半期还维持在接近90%的短大毕业女性就业率,到2000年已经下滑到57%。

造成这一现象的原因是,此前大量雇佣短大毕业和大学毕业女性从事"行政职位"的大型企业开始收紧雇佣政策。再加上泡沫经济崩溃、经济全球化和办公计算机化的影响,使得"行政职位"的事务性和辅助性工作逐渐减少。占据女性就业重头的"行政职位"其后也持续削减,并被置换为"合同工"和"派遣工"等非正式雇佣岗位。

泡沫经济崩溃后,派遣工这一劳动形式迅速普及,而《劳动者派遣法》的施行时间与《均等法》同为1985年。因为派遣法的施行,"行政职位"开始缓缓转为派遣岗位,可以说,此时"与男性从事同等工作的综合职位

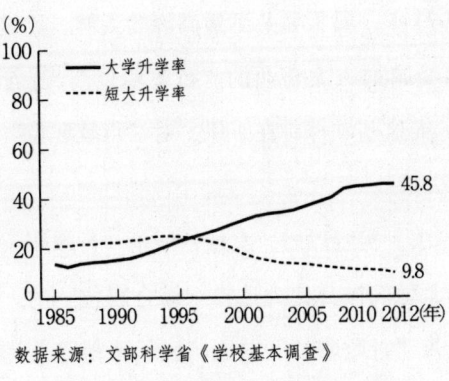

数据来源：文部科学省《学校基本调查》

图 6-1 女性的大学、短大升学率

女性"与"非正式雇佣的贫困女性"这一两极分化初露端倪。

与此同时，1985 年也是第三号被保险人制度创建的年份。政法大学副教授藤原千沙揶揄道：1985 年是"一方面标榜雇佣领域的男女平等，一方面又是割裂家庭责任、强化性别分工、扩大非正式雇佣的'贫困元年'"（《女性的 21 世纪》No. 57，2009 年）。

接收非职业女性的"行政职位"数量减少，使众多女性失去了立足之地。当时的情况可以从第四章介绍的应届毕业后就业失败，不得不成为"应届派遣"职员的安藤女士身上窥见一二。她与上文介绍的川口女士一样，出生于1973年，属于婴儿潮最高峰的人群。比她年长一些的前辈受聘加入大企业的"行政职位"，过着华丽的OL生活，而这些她都看在眼里，对"行政职位"的缩减更加茫然失措。

《均等法》实行以后，女性依旧把"行政职位"作为主要工作，她们被分化为选择"综合职位"的人、通过独木桥进入"行政职位"的人，以及不得已选择了"非正式雇佣"的人和考取资质后进入"专业职位"的人，等等，同等学力之间的"格差"逐渐凸显出来。

行政职位缩减的后果

上节提到"行政职位"被置换为非正式雇佣职位，部分大企业直到现在仍对"综合职位"和"行政职位"进行分开招聘。可是招聘数量减少，性质也发生了变化。"行政职位"已经与"综合职位"的工作内容趋同，唯一的不同就是没有岗位调动。同时企业还采取了工种转换制度等向"综合职位"转换的措施，以促进员工从辅助性业务渐渐成长为可以独当一面的负责人。可见，这个时代哪怕是"行政职位"，只要是正式员工，就无法以

"骑驴找马"的心态展开工作。

此外,还有许多公司并不存在"综合职位"与"行政职位"的区分。事实上,根据厚生劳动省《雇佣均等基本调查》,2010年践行分职位雇佣管理制度的企业仅占11.6%,越是大企业,就越倾向于采用该制度。

以中小企业为主、不分职位雇佣的企业中,既有不对性别进行区别对待、女性也能负责主要业务的企业,也有唯独女性不调岗、主要从事辅助性业务的企业。但是无论哪种,都有将事务性和辅助性业务交给派遣工等非正式员工的倾向,正式员工的责任和负担则更重,必须比非正式员工完成更多更重要的工作。

在"行政职位"招聘数量锐减的时代,许多大学毕业女性中以"综合职位"的身份进入了没有职位区分的中小企业。"冰河期世代30人"中,有14人曾经得到过正式雇佣,其中3人是没有调动的半综合职位,1人是负责销售等的现场职位,其余10人则在岗位不分男女的环境中工作。

一直被招聘为"行政职位",从事事务性和辅助性工作的女性开始逐渐承担与男性同等的主干业务,这种现象表面看来是好事,可是,"与男性同等的工作方式"也隐藏着巨大的问题。

时常有人指出,《均等法》的最大问题在于解禁深夜劳动等限制,废除了女性保护规定,让女性与男性一样,成为理所当然要长时间劳动的群体。然而,男性之所以能够完成长时间劳动,完全因为其背后有妻子做后盾,她们在承担着家务和育儿等家庭责任。

人们往往觉得单身女性不需要承担很多家庭责任,然而在需要长时间劳动的职场,长期坚持下去非常困难,很容易因为体力和精神不堪重负而"掉队"。上文提到的14名有正式雇佣经验的受访者中,就有11人因为过劳等原因辞去工作。

《均等法》施行后,那些一直实施分职位聘用的大企业,可能已经确立起了培养女性综合职位工作者的经验和方法。此外,企业内部应该也有足以成为"楷模"的女性前辈。相反,从女性大学升学率超过短大的时期开始,雇佣大学毕业女性的中小企业本身就缺乏女性前辈,而且可以预见,企业也尚未掌握培养大学毕业女性的方法。

第一章介绍了入职设计事务所的羽鸟女士,第五章介绍了被分配到时装公司营业部的黑木女士,她们都加入了中小企业的综合职位,却都因为长期劳动而身心俱疲,不得不主动离职。羽鸟女士与黑木女士被分配到的部门几乎都没有女性员工,而黑木女士又因为是新人兼女性,被迫独自承担了部门内的所有杂务。可以说,那也是她过劳、不得不辞职的原因之一。

海老原嗣生顾问在《女性的事业》(筑摩入门新书,2012年)中提出了一种职业女性的理想原型,那就是"体育社团女子"。所谓"体育社团女子",是指擅长集体活动和处理上下级关系,精力充沛、充满干劲的女性,大概与同时受到男女倾慕的冷艳型、御姐型女性相似。

与之相反,我所采访的女性虽然优秀又认真,但与海老原所说的"体育社团女子"略有不同。海老原举出"体育社团女子"是为了与人们曾经对综合职位女性期望的,无论从哪方面看都异常优秀的"Superwoman"进行对比。可是,要成为"体育社团女子"绝非易事,说到底,所谓"体育社团女子",其实就是把女性放进筛盘,检验她是否有足够的时间与体力从事与男性相同的工作。

虽说如此,即使是"体育社团女子",也很难在生育后成功回到要求长时间劳动的工作岗位上,只能辞去工作,或是被迫选择工作时间灵活,但从此被排除在晋升道路之外的"妈咪路线"。这点必须特别说明。

就这样，1985年《均等法》施行后并没有马上明确显现的女性割裂，反倒随着行政职位削减等带来的正式雇佣岗位的减少，以及派遣法颁布和修订导致的非正式雇佣岗位增加，逐渐扩大。

促进女性活跃的光与影

上一章已经提到，安倍政权将"促进女性活跃"作为安倍经济学刺激战略的支柱之一。随着少子高龄化的发展，劳动力人口不断减少，安倍政权试图挖掘女性劳动力的潜力，通过提升就业率来稳定经济。

《均等法》施行以后，日本政府又出台了许多支持职业女性的法律法规（表6-1），然而《劳动者派遣法》每次修订都会扩大派遣人员的业务范围，到2015年再次修订，规定同一岗位可以无限期使用派遣员工。这些法律无异于萝卜与大棒，"有希望活跃的女性"与"被弃用的女性"之间的割裂不断扩大。在派遣法修订的2015年，《女性活跃促进法》也正式颁布，规定了员工超过300人的大企业、国家及地方自治体的义务，包括女性雇佣数量在内的行动计划策定与公开。积极配合的企业经厚生劳动大臣认定后，可将认定标志印在商品上。

表 6-1 与女性相关的劳动法律法规

1985 年	《男女雇佣机会均等法》、《劳动者派遣法（仅限 13 种业务）》、《第三号被保险人制度》
1991 年	《育儿休业法》
1997 年	《男女雇佣机会均等法（修订案）》（废除女性保护规定）
1999 年	《两性平等社会基本法》、《改正派遣法》（原则上放开对派遣人员业务范围的限制）
2000 年	《介绍预定派遣解禁》
2001 年	《育儿、看护休业改正法》
2007 年	《工作与生活平衡宪章》
2015 年	《女性活跃促进法》、《改正派遣法》（无限期雇佣成为可能）

企业可以从女性雇佣比例、男女平均工作年限差异、每月平均加班时间等 14 项中选择公开项目。可是，虽然其中包括女性劳动者占派遣员工比例，大部分却仅与正式雇佣和管理岗位相关。此外，针对员工人数为 300 以下的中小企业，则只停留在建议和警告的层面。

由此，《女性活跃促进法》的受益对象就成了一小部分精英女性，至于在中小企业工作的女性，以及占劳动力高达六成的非正式雇佣女性，则成了被忽视的对象。

政府还提出了 2020 年之前须将管理层女性比例提高

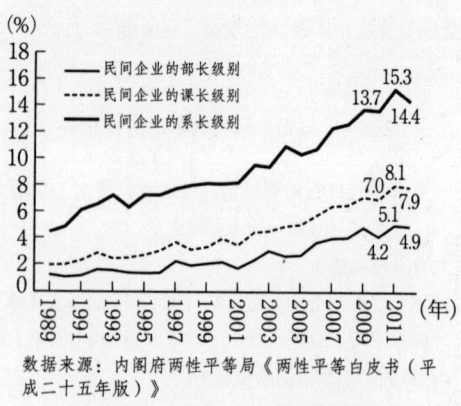

数据来源：内阁府两性平等局《两性平等白皮书（平成二十五年版）》

图 6-2 管理层女性比例的变化

到 30%。增加推动社会的女性高层固然重要，但是，如果促进女性活跃行动的受益对象仅限于一小部分精英，而女性的贫困与雇佣不稳定这一初始状态完全得不到改观，则无异于抓小放大。

田中玲子女士（39 岁），现在是一名自由插画师。她毕业于短大的美术专业，在大企业做过行政，后发挥自己的插画才能，独立出来成为插画师兼设计师。虽然收入不多，但足以维持独居生活。可是近五年来，订单逐渐减少，收入锐减，她现在连年金保险费和房租都交不上，几乎举步维艰。于是，她决定到派遣公司登记，开始做派遣工作。

她到了以支持女性工作闻名的大企业,被分配到一名有三岁孩子的同龄女性正式员工手下从事辅助性工作。该公司允许员工在孩子年幼时缩短坐班时间,因此那名正在育儿的女性每天下午4点就会下班。田中女士在她回去后继续工作,并且还要加班,直到晚上8点左右才离开,忙的时候甚至要到晚上10点、11点。尽管如此,田中女士拿到的派遣工资还是远远不及那名正式员工。

田中女士说:"我所在的部门有好几个育儿期女性,感觉她们工作和家庭能够兼顾,好厉害呀。可是,我也没有放弃工作、家庭和孩子,为什么处境跟她们相差如此悬殊?我经常特别不平和沮丧。"

生完孩子继续工作的女性们

距离《均等法》颁布已经过去了30年。此前长年维持在10%左右的女性综合职位(只对进行分职位雇佣的企业进行统计)人数持续缓慢增加,到2014年,应届毕业进入综合职位的女性已经达到了22.2%。

此间,最显著的变化是在制度层面开辟了事业和孩子兼顾的道路，现实中，一边育儿一边在第一线工作的女性正在增多。

1991年，《育儿休业法》颁布，但是直到2001年出台《育儿、看护休业改正法》之后，育儿休业收入才真正得到保障。该法律颁布后经过数次修订：2010年实施的修订法案规定了劳动者抚养的儿童未满3岁时，原则上采取6小时工作制，并且强制免除加班，同时还增加了保障父亲育儿休业所得的政策。

女性的育儿休业所得率在1996年为49.1%，其后不断上升，在发生雷曼冲击的2008年达到了90.6%。

与此同时，妊娠、分娩后离职的女性超过六成，可见育儿与工作兼顾绝非易事。顺带一提，育儿休业所得率之所以与妊娠、生育后离职率如此矛盾，与非正式雇佣有关——因为许多女性无法获得育儿休业所得，还有部分女性在获得育儿休业所得后选择了离职。

当然，在《均等法》施行以前，就有兼顾事业与育儿的女性，但那仅限于特别优秀的"女强人"。即使在《均等法》施行以后、青年工作女性受到关注的泡沫经济时期，支援育儿工作的社会制度依旧不完善，大多数女性不得不"二选一"。

在《均等法》开始实施的1985年,衿野未矢毕业,步入社会。她在《不生孩子的选择》(讲谈社,2012年)中,这样描述那一时期的变化:

> 以前女性杂志介绍的成功故事中,主人公都是独立单身的职业女性。就算是已婚,她们也坚持工作,是拿着两份家庭收入而没有孩子的丁克族,这才是理想的样子……但是不知何时起,事实发生了变化。如今在成功故事里登场的都是兼顾事业与家庭的女性。比如经营连锁饮食店的女性、中央省厅的高级官员……一些对外国男下属大声发号施令的女高管,竟说"周末最大的快乐就是跟孩子在一起"。

多亏了女性前辈的努力和政府出台的各种支援政策,至少从表面来看,兼顾"事业"与"孩子"的道路已经被开拓出来。

与此同时,生育后继续工作的女性有所增加,青年女性非正式雇佣率不断上升。正如川口女士所说,她身边都是兼顾着工作和家庭的同龄人,而她,别说结婚生育了,连一份稳定的工作都没有——支持女性继续工作,看似完善的法律和制度加剧了她的自责和压抑,她觉得自己成了一个"落伍者"。

当然,生孩子、养孩子的同时还要工作绝非易事。可是,育儿女性的烦恼与单身女性的烦恼并不相同,几乎不存在两者相遇、共同倾诉的机会。未婚/已婚、是否生子、是否家庭主妇,等等,女性的人际交往很容易因为微妙的立场之差而相互隔绝。由于看不见彼此,才更容易陷入"为何只有我"的思考。

不断累积的孤立感

草刈美和女士（36岁）,高中毕业后先后做过医院杂务、超市推销员、咖啡厅服务生等短工,现在住在父母家中,经济极为拮据。父亲马上就要退休,届时可能连一家人居住的小区房租都支付不起,为此草刈女士十分不安。

> 因为一直处在这种状态,我从未想过结婚生子。经常有人说女性有很多选择,但那只限于运气好的女性。想到我将来要一个人慢慢变老,我甚至会羡慕那

些单身母亲。因为她们现在虽然单身，至少曾经跟孩子他爸相处过，也有一个需要自己的孩子——同样是单身女性，我跟她们的情况完全不同，很难结伴。因为觉得自己将来可能要孤独终老，经常睡不着觉。

大隅由纪绘女士（39岁），从未做过正式员工，从短大退学后一直靠打零工维生。

几天前我还在超市做临时工，现在合同到期了，又得重新找工作。

便利店、洗衣店、超市、宠物店、快递、休闲机构、旅馆、大型杂货店、数据录入公司……她待过的地方不计其数。

因为实在太多了，连我自己都记不全。我不太擅长处理人际关系，所以经常在上班的地方受欺负，甚至因为压力太大而吃不下东西，体重一度降到了30多公斤。每次换工作都特别辛苦，每次都会大病一场……每逢工作不顺利又要卧床不起。我从未有过持续时间超过两年的工作。

大隅女士小学毕业前还算活泼,升初中后遭到霸凌,从此性格大变。其后虽然上了短大,但不到一个月就退了学。

> 我在短大并没有遭到霸凌,但因为是乡下高中出身,我在学校里显得特别土。感觉周围的人似乎都在说这里没有我的立足之地,于是没多久就退学了。

其后四年,大隅女士一直过着"家里蹲"的生活。母亲很担心她,便劝她去精神科就诊,后被诊断出社交焦虑障碍。后来经过一段时间的治疗,大隅女士终于恢复到了可以出去工作的状态。大隅女士的母亲是非婚单身,一边在工厂工作,一边抚养女儿长大。可是,母亲一破产,两人平静的生活就被彻底打乱了。

> 我觉得母亲应该是为了给我交短大的入学金和学费,借了私贷的钱后来没还上。最后,我只能搬到外婆家住,母亲则到外地的旅馆去做包住服务员。

大隅女士一边帮外婆操持家务,一边在便利店和洗衣店等地方打零工,但都没能坚持很长时间。

唯一做得比较长的工作就是送快递。可是做着做着,公司突然要求把送快递的私家车登记为营业车,因为我的车是借舅舅的,自然没法继续下去。

之后,大隅女士认为自己应该适合不太与人接触的居家工作,便花钱上了函授写作课程,还去当地的青年支援中心咨询过,但没有找到突破口。

现在,大隅女士的母亲找到了一份公寓管理员的工作,于是大隅女士便和母亲、舅舅一起生活。由于母亲经常不在家,她便帮母亲承担了家务。

母亲的工资和舅舅的养老金加起来勉强够我们三个人的日常花销了,但是母亲也会有干不动的一天。家里就我一个孩子,我连父亲的面都没见过,自然跟那边的亲戚没有联系。等母亲和舅舅去世了,我真不知道一个人要怎么活下去。

她几乎没有可以倾诉的朋友。短大退学后蹲在家里的那四年,她主动切断了与外界的一切联系。后来因为换工作越来越频繁,大隅女士也没有关系好的同事。

> 我曾经渴望过归属感。短大退学后,我就再也没找到过那种感觉了。就算没有工作,只要结了婚便是主妇,有家庭这个归属,学生则有学校这个归属。像我这种奔四未婚的待业人士,就没有任何归属。我觉得自己被世界抛弃了。

对将来的不安和孤立感渐渐累积起来。

> 现在这么多单身的人里,肯定有跟我烦恼相同的。我希望能跟她们成为朋友,但是不知道该怎么做。有时实在太痛苦了,我就上网检索"奔四、单身、无业",看到有跟我境遇一样的人写博客,就会稍松一口气。因为那样我就可以告诉自己,不安和孤独的并不只我一个。

我们时常能听到青年单身女性由于没有可以帮忙的

伙伴而陷入孤立。像大隅女士这样有过逃学和退学经历的人，往往与学生时代的朋友断绝了联系。在不断重复派遣工、合同工和零工的过程中，又很难在职场上交到朋友。就算有朋友，也会因为对方已经结婚生子，很难开口求助，有时双方立场不同，谈论彼此的情况更变得不可能。

不存在的一群人

当一个人单身又处于没有工作或非正式雇佣状态，那么不仅是"血缘"和"社缘"，往往连"地缘"也会被割裂。现在这个社会仿佛已经不存在"地缘"关系，因此育儿就成了与周边人产生联系的重要转机。一个地区的育儿社团、幼儿园、小学等机构经常能够将该地区闭塞的人际关系打通，然而，单身人士如果自己不积极努力与地区产生联系，就会被从"地缘"中割裂出去。

在社会上，"没有归属感""没有立足之地"，恐怕不仅仅是她们个人的问题。

国家和地方自治体对女性展开了各种各样的支援，有育儿支援讲座、家暴被害者求助窗口和顾问、面向单身母亲的求职支援、面向结束育儿女性的再就业支援，等等。可是，几乎没有针对单身女性的。鉴于单身女性的贫困、孤立等烦恼很难被发现，也就很难让人看到"支援"的必要性。

此外，正如上文提到的，即使很难直接相遇，相同境遇的人也可以通过间接联系获得鼓励，找到类似的归属感。杂志可能是其中最为有效的工具之一。然而调查发现，日本几乎没有将35岁以上的单身女性作为主要读者群的杂志。

女性杂志通过细致的年龄划分和可支配收入、家庭结构等要素对读者进行了分类。很多杂志没有广告收入就无法维持，所以一看广告就能知道杂志面向的读者群。理所当然，可支配收入低的奔四单身女性往往会被投放广告的企业和负责发行的媒体"忽视"掉。

女性杂志针对20岁左右的人群设定的"独居、单身"属性，到30岁左右就变成了"已婚、有子女"。即便同为面向已婚女性的杂志，也会进一步分为"面向家庭主妇""面向双职工家庭""面向可支配收入高的人群"等。

根据日本杂志协会调查，发行量约为30万册的日本女性杂志中，首屈一指的《VERY》以30岁以上正在育儿的女性为目标读者群,办刊宗旨是"有底的女性很美丽"。所谓有底,说白了就是家庭。出现在杂志中的女性都是一心一意投身工作、育儿和自我提升的,美丽又聪明的妈妈们。

《VERY》创刊时以家庭主妇为核心读者群,之后职业女性的比例持续上升,2013年的读者调查显示,50.9%的读者为"正式员工、双职工家庭",52.0%的读者"希望尽量继续工作"。(《工作的妈妈,幸福的时光》,《VERY》,2013年9月号)

当然,实际中的育儿并非想象中那么简单。丈夫平时持续长时间劳动,只在有空的时候扮演"奶爸"角色;把孩子送给婆婆照顾,还要看婆婆的脸色;忙工作的同时还要到保育园接孩子……真正的育儿,无疑是一天又一天的生存之战。《VERY》里出现的超级妈妈想必只存在于幻想中。正因为如此,才贻害良久。

2013年,面向"30+"单身女性的杂志《DRESS》创刊,但这本杂志的目标读者群是全身名牌、事业有成、可支配收入高的成功女性,工作和收入都不稳定的单身女性当然不属于那个世界,不知《DRESS》面向的读者群中单身名流女性究竟有多少,总之该杂志在2015年年末已经停刊。

往上推挤的压力

原立正大学教授金井淑子女士指出："女女格差不断扩大的同时，患精神疾病的女性也在增多。"

> 如果是男性，通常体现为"家里蹲"，但是换成女性，则容易形成精神问题。抑郁症、割腕、恐慌症、进食障碍等在女性中频发。

21世纪第一个十年以后，雇佣的非正式化迅速蔓延，青年的雇佣情况不断恶化，青年男性受到的影响较为明显。

> 男性曾经是家庭收入的主要来源，因此社会保证了他们稳定的雇佣和薪资。随着雇佣情况的恶化，这些男性不断受到挤压。相对男性受到的向下层挤压的压力，女性则反而出现了向上层推挤的压力。（图6-3）

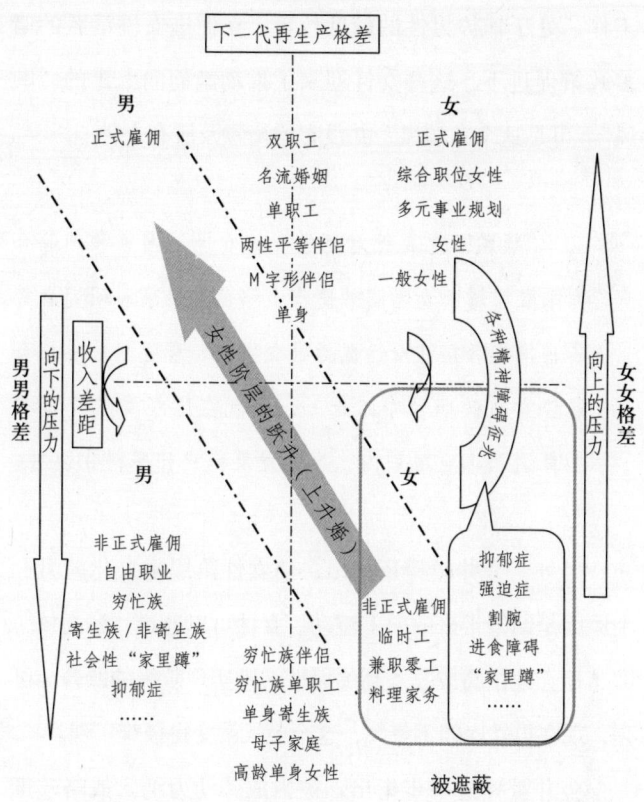

资料来源:金井淑子《向内转:被排除在生产、再生产之外的女性》(《Business Labor Trend》2013年10月号)

图6-3 被遮蔽的女性"青年问题"

金井教授指出，女性普遍从事行政岗位和临时性工作，处于辅佐男性的较低位置。在促进女性活跃的诸多政策促进下，这些女性迎来了推动她们向上走的"顺风"。可是这个"顺风"并没有均衡顾及所有女性。

"顺风"主要针对高学历的女性。国家和产业合力采取了增加女性高管比例、培养女性理科研究者等各种措施旨在让女性成为社会主力。曾经只能从综合职位和行政职位中二选一，到现在已经发展成可将生育纳入事业规划内，事业发展模式朝多样化迈进。

另外，金井教授还指出，使女性阶层复杂化的另一个原因是结婚带来的向上流动。女性可以通过"攀高枝"，即与社会地位高或收入高的男性结婚实现阶级的跃升。可是，现在男性雇佣不景气，这个模式就变得极难实现。

金井教授进一步指出，被当成劳动力纳入战略政策中的女性，同样面临着为应对少子化而"生"的压力。

在"给我工作"和"给我生孩子"的双重束缚中掉落的女性很容易遭遇认同危机。她们被排除在劳动自立的范畴之外,社会倡导的女性幸福对她们而言无异于天方夜谭——这种自立性不足以及希望不足,应该就是当下女性出现各种精神障碍征兆的关键所在。

频发的心理问题

女性对未来的不安和无人倾诉的孤独,往往会转化为精神方面的障碍。

"冰河期世代30人"中,有过精神科和心理科就诊经历的多达17人,超过半数。从第一次就诊的原因来看,逃学和霸凌为6人、工作过度繁重和职权骚扰等9人、其他2人。许多人在工作中都会积累压力,随着不安和压力等多重因素慢慢积累,一旦超过界限,就有可能产生精神障碍。

2014年东京消防厅公布的统计结果显示,因自杀行为(吞服安眠药等药物、持刀具、自缢等)被紧急送医的达4055人,其中最多的是20—30岁女性,达到696人,其后是30—40岁女性和40—50岁女性,分别为573人、505人。相对的,20—50岁男性每个年龄层皆为

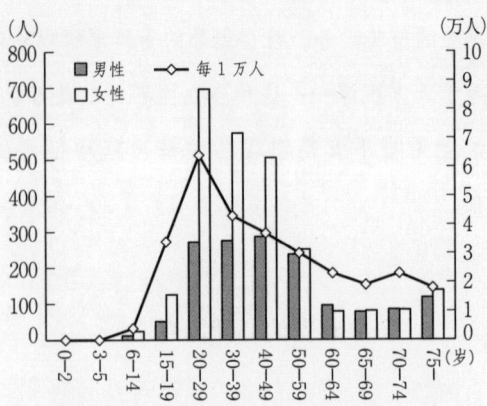

数据来源：东京消防厅《2014年急救活动现状》

图 6-4 自杀就医人士的年龄层人数统计

280 人左右，只占女性的半数以下。

一直从事生活贫困者援助的 NPO 法人"舫"①分析 2004—2011 年接到的 2305 件咨询案例后发现，咨询者中女性只占 13%，然而分析咨询者疾病情况，则 57% 的男性和 42% 的女性患有身体疾病，21% 的男性和 52% 的女性患有精神疾病。

第二章还介绍了举办"女生讲座"支援无业女性的横滨市两性平等促进协会。根据该协会调查，存在精神

---

①日本 NPO 组织，名称来自将船只维系在港口的"舫结"，皆在为遇到困难的人士提供帮助和维系，帮助他们渡过难关。

障碍的咨询者占比达到68%。

贫困、孤独、暴力、性骚扰，面对各种各样的困难时，女性似乎比男性更容易在精神方面出现问题。

可是，在处理精神障碍时需要特别小心。接受采访的女性中不乏因割腕大量失血，一度徘徊在生死边缘的人，以及电车到站后死活不下车的人，她们都有各种各样的精神障碍。

然而仔细交谈就会发现，割腕的女性是因为幼年长期贫困，且与父亲不和，而下不了电车的女性则是因为遭到了上司的持续职权骚扰。

由于这些行为都具有一定的冲击性，行为失常的女性个体往往会受到关注，但职场矛盾背后的雇佣问题，家庭不和背后的贫困问题和过于依赖家庭的社会体系问题……这些一旦被诊断为精神疾患并冠上病名，隐藏在背后的实质性问题就会被忽视，最终被归咎为她们的个人问题或是精神怯懦之人自身的责任。

如何跨越割裂，实现联合

在男女不平等乃理所当然的时代，在婚育后连继续工作这个选项都不存在的时代，只因为女性的身份，就会遭遇许多不合理的对待。可是也正因如此，女性之间也存在一定的联系。

之后，各种推动女性工作的政策被铺开，比如在婚育后继续工作上，社会上仿佛多出了各种选择。与之相对，已经占据了多数的女性非正式雇佣率却还在不断增加，每3名女性就有1人身陷贫困。

正式/非正式、已婚/未婚、生育/未生育、综合职位/行政职位等，多种立场导致了女性之间的割裂。这并不全是女性本身的意愿，而是她们不得已的选择。现在正积极推进的促进女性活跃政策反倒将这种女性间的差距固化，使得割裂更加严重。

但是，让我们停下来想一想。差距和割裂并非女性自身造成的，而是国家税收制度和社会政策的产物。再看将女性详细分类的杂志便会知道，还存在一些试图将部分女性招揽为消费者的企业。或许，它们也成了割裂女性的一股力量。

要跨越女性之间的差异，实现女性联合，对彼此的理解必不可少。可是由于被割裂，女性们极少能看到彼此的现实和烦恼。因此，努力结交不同处境的人就变得极为重要。

　　对更明显的不平等和不合理,我们必须大声疾呼。然而弱势群体很难发出声音。为了跨越割裂,携手生存,我们要充分发挥想象力,避免互相排挤,创造一个没有排挤的社会。

终章　寻求一线光明

"穷充"背后的陷阱

我们已经分析了女性面临的困境,而且艰难的形式多种多样,很难用"贫困"一词一言以蔽之。

现在不同于泡沫时期,青年已经不属于可支配收入较高的人群。很早以前就有人指出,现在的青年不出国旅行,不买车,兴趣和爱好已经发生了改变。这点在女性杂志的特辑中也表现得非常明显。

月刊《日经女性》自1988年创刊以来便与专注时尚、美妆的普通女性杂志不同,致力于呈现各个时期女性的工作和生活方式等。20世纪90年代的特辑多为"出人头地的工作法""工作中常用的英语"等,专为试图在工作上有所突破的女性所设。然而近几年来,"节约方法""存钱方法"的特辑却频频出现。比如2015年发售的12期中就有5期刊首特辑都在总结关于存钱的窍门。

如此看来,青年似乎并非在忍耐,而是在追求自得的充盈和每日的充实。

人们将有恋人、朋友和伙伴，现实生活很充实的人称为"现充"。一开始是为了揶揄沉迷网络世界的人，才对与之相反的人群如此称呼，后来这个说法便慢慢普及开来。这个词表明物质相对丰富的青年更追求人际关系和日常生活的充实感，但实际上，"现充"也遮蔽了贫困的现实状况。

铃木大介通过采访靠性服务赚取日薪勉强维生的女性，写成了著作《最贫困女子》（幻冬舍新书，2014年）。书中就有许多难以称为现充的"穷充"女子登场。铃木取材过程中见到了许多居住在地方、年收入仅100万日元左右，但是周围有许多朋友、每天开朗乐观的穷充女子，铃木不禁疑惑："她们真的是'最贫困女子吗'？"但是铃木也指出，她们大都无法摆脱贫困，且极可能将这种负面遗产留给后代。

电视总会把艺人在底层奋斗时因贫穷而历尽艰难的故事当成美谈，并且频繁提及。实际上不仅是艺人，大多数人也认为"年轻时应该尝尝贫困的滋味"。

2011年开播的综艺《幸福！贫民女孩》（日本电视台）直到现在仍人气十足。节目向观众展示了为了追梦而甘于贫困的女性，还分享了不花钱也能每天都快乐的秘诀。里面登场的女性可谓"穷忙族"的代表，她们不仅丝毫没有表现出贫困的苦恼，反倒正因为贫困，她们在逆境中保持坚强、不断追梦的身影才更加耀眼。

我采访的众多女性，尤其是独居女性，也都具有"穷忙族"的特质。有人说："把菜叶晾干了做成菜干特别好吃。这种细致节俭的生活方式能让我得到治愈。"也有人说："我会把百元店的商品加工成具有季节感的小饰品摆在家里。""我在阳台种菜，顺便省了菜钱。""因为狠不下心来放弃去迪士尼，所以每天只吃生鸡蛋拌饭，用省下的钱买迪士尼年卡。""我会想尽办法凑钱买偶像的演唱会门票。"女性们提到了很多生活中的"穷充"故事。

在经济困难的境遇下，通过改变思维方式来过上积极向上的生活——这种看待问题的"穷充"视角极为重要。只有这样，事态才可能好转。与此同时，脱离"穷充"才是至关重要的课题。"穷充"的故事往往容易掩盖其背后的贫困，社会相关部门不能被迷惑，必须直面每个人的真实状况，并商讨相应的对策。

所谓贫困是什么？

一谈到青年女性的贫困，总会有人指出："住在父母家的寄生族女性不算贫困。"每次我都反驳："从家庭收入来看，她们的确不算贫困，但如果从本人的可支配收入来看，她们正是贫困的一员。"我邀请住在父母家的女性接受采访时，就有不少人回复我说："我出不起车费，麻烦到离我家最近的车站来。"

还有人指出："住在父母家、可支配收入极低的女性如果算作贫困，那么家庭主妇怎么算？"这个提问很有道理。我可以不怕误解地直言："她们与贫困只有一线之隔。"无论丈夫收入多高，如果离婚后既没有工作也没有可以依靠的家人，这些女性很有可能立刻陷入贫困。从单身母亲的贫困率居高不下就可以看出这点。

贫困究竟是什么？近年来，越来越多的人不再单纯讨论所得的多寡，而是从是否有可以依赖的家人和朋友、是否有受教育的机会、是否身体健康能参与社会活动等人与社会的关系层面来判断。同时，"社会排斥"的概念也得到了普及。岩田正美认为，社会排斥不仅仅是当下的问题，而要把贫困放在整个人生历程中，同时，作者通过著作普及了"并非断点,而是连成一线"的社会排斥概念(《社会排斥》,有斐阁,2008年)。

和父母一起居住的女性或许暂时无衣食之忧,但是父母去世后,她们极有可能陷入贫困。另外,同样是无业状态,学历的高低和工作经验的有无也会极大地影响女性摆脱贫困的可能性。

在审视潜在的女性贫困时,有必要基于社会排斥的概念,将女性过去和未来的生存困难和工作困难也纳入视野,制定一个综合指标。

通过纳入社会排斥的视角,一些看不见的问题也会浮现出来,用贫困无法完全概括的复杂状况也能变得更加明晰。"住在父母家是否属于贫困?""'穷充'是否属于贫困?"这类问题也自然能得到解决。

雇佣的包容与脱离

青年单身女性的严峻处境并非一朝一夕就能改善的。虽然本书无法对此开出万能处方,但是针对社会结构和社会政策变更这种宏观现状,以及包括当事人在内的我们能够做到的微观行动,我们应该尽可能地进行反思。

首先,雇佣方面。

目前,假设男性普通劳动者的薪资为100,那么女性普通劳动者的薪资就只有70.9,女性短时间劳动者的薪资则只有50.5(厚生劳动省《薪资结构基本统计调查》,2012年)。当前缩小男女薪资差距刻不容缓。

只要非正式雇佣人群和无业人群能获得稳定的工作和足以维持生活的薪资,就能解决物质性的贫困。可是,雇佣稳定的工作大都对学历、经验和年龄等有要求,就业对她们来说就十分困难。尤其对低学历的女性来说,这些要求对她们非常不利。

这个提议虽然有些唐突,但我认为,有必要撤销招聘时的学历要求。随着服务业的发展,对青年女性需求较高的是销售及待客等工作。待客需要的并非书本上的知识,而是亲和度和随机应变的能力。同时,由于销售和待客的工作多为非正式雇佣,也存在一定的问题。

此外,还可以通过获取资质和培训来消除缺乏工作经验这一不利因素。然而贫困已经使她们的生活捉襟见肘了,很难再挤出时间和金钱接受再教育。

目前有求职者支援制度,让没有领取雇佣保险金资格的失业人员可以免费接受职业培训。相对正式雇佣,非正式雇佣者接受研修的机会较少，连教育培训也要自掏腰包。就算是非正式雇佣，也应该得到官方支援，让她们得到足以成为工作经验的教育培训。

虽说如此，综合上文可知，现实中并非只要得到正式雇佣就能解决问题，也有人在成为正式员工后难以忍受长时间的劳动和严苛的工作环境，反而刻意选择了非正式雇佣。因此，今后非正式雇佣率在很长时间内仍会居高不下。

或许，更为现实的目标不是得到正式雇佣，而是让非正式雇佣成为一种可以让人实现生活独立的工作方式。为此，必要条件首先是同工同酬。此外，为了同时从事多份工作的非正式雇佣女性和自由职业者，要实现年金一元化，并消除家庭形态带来的不平等对待，将社会保险改为以个人为单位。还有必要为很难得到体检机会的非正式雇佣和无业女性创造机会。

开通了"职业女性热线"的职业女性全国中心（ACW2）副代表伊藤绿女士长年倾听女性们的工作烦恼，为解决她们的问题不断奔走。

这个意见听起来可能比较极端。我们最近正在倡导"每周工作3天,让生活成为生活"。

自从《均等法》颁布以后,保护女性的规定被废除,使女性劳动时间与男性趋同,长时间劳动的风潮不断蔓延。

伊藤女士说:"1999年女性深夜劳动被解禁,从那以后,超时劳动就迅速蔓延,患病人数急剧增多。正式雇佣已经不再是正解,我们应该把目光转向与男性劳动时间差异化上。"

特别是女性人群,因为育儿和看护的需要,劳动条件遭到限制的比例较高。

> 人都会累,都会得病,都要休息,也都有不想工作的时候。只有让有血有肉的人们不勉强自己的工作,才称得上体面工作。

我们一方面要建成只要有意愿人人都能通过劳动自立的社会,另一方面也要保证人们遇到就业困难时不至于陷入不安和负面情绪,能够安心生活下去。

家庭的包容与脱离

日本是家庭包容性很强的国家。可是对女性来说,那可能会成为一把双刃剑。经济上无法独立的青年单身女性应该依赖家庭,这种观念根深蒂固,因此就算自己家已经如坐针毡,也有很多女性难以走出家门。

倘若工作不稳定,要维持每个月支付房租和水电费的独居生活自然会不安。在大城市,房租和押金等租房初期费用都非常高,许多人表示以前从未独居过,很难建立自信。

就算与家人的关系非常不好,还是有许多人选择咬牙忍耐,因为"只有这个选项"。家人因为担心女儿的将来,也容易将忧虑化作严苛,进而体现在话语和态度上。

另外,也有不少人正在遭受来自家人的暴力。抱着决死的心情逃出家门的女性不得不在公园过夜,或是到偶遇的男性家中留宿,无家可归。我遇到的这些女性后来都在支援组织的帮助下申请了生活保障,从此得以脱离原生家庭,但想必也存在只被解释为"未婚女儿离家出走",最后被送还原生家庭的案例。

随之凸显出来的还有一个问题,即工作不稳定的女性一旦离家出走，就不得不依赖生活保障制度。这点从独居女性一旦失去工作就陷入贫困，不得不领取生活保障金的案例中也可看出。就算后来终于摆脱了低保状态，也要时刻生活在不安中，生怕将来遇到一点小事又会重蹈覆辙。未来的不确定进而化作精神压力，甚至使抑郁迟迟得不到改善。

如果能够得到房租补助、无息贷款和公营住宅等援助，或许就无须被迫领取生活保障金了。可是，现存的公营住宅几乎不允许除60岁以上高龄人士和残障人士以外的单身者入住。

2015年4月，《生活穷困者自立支援法》开始施行，只要满足条件，就能领取住宅补贴。可是领取的次数是有限的，而工作一直不稳定的人又很难找到待遇好的正式工作，问题无法从根本上得到解决。

此外，万不得已时可以寻求保护的庇护所和妇女保护设施的作用也极为重要。人们通常认为，只有遭受家暴的女性才会寻求庇护所帮助，但事实是所有女性都可以。这一信息也有必要广为传播。

尽管独居女性时常会担忧现在的生活不知能持续到何时，但是相比住在父母家、为家人关系所扰的女性而言，她们对生活的满意程度相对较高。

还有一些女性好不容易摆脱了家庭的束缚，总算能安心生活，她们却没有独立和自立的观念。

有人因为自己一把年纪了还不嫁人，没脸在父母家待下去。而且这也是日本独特的家庭包容性原则，即幼时随父，出嫁随夫。但实际上，她们只是受到了"男主外模式"的影响。

也有人认为，如果与家人关系好，就没必要非得离开父母家。在日本，单身者与父母同住率极高，欧美国家却一直将离开父母视作成年的必要条件。可是近年来，由于欧美各国的青年雇佣状况恶化，越来越多的青年在独立之后又返回父母家居住。由于家庭重复着闭合与展开的过程以包容孩子，有人将其称为"手风琴家庭"（Accordion Family）。

与父母同住的单身女性中，也有在家务和看护方面为父母所依赖的人，还有不少与家人同住的正面案例。

可是这里必须申明，"手风琴家庭"都具备了能伸能缩的经济实力，并且仅限于彼此关系良好的家庭。

"离家"与"留家"乍看是相反的选择，其根源却是一样的，那就是无论作何选择，都应该优先考虑当事人的意愿,摆脱"男主外模式"观念下的日本式家庭包容规则。

最近政府为解决少子化问题,设置了三代同住的减税措施。从配偶优惠政策中也能看出,直到现在,与何种属性的人同住仍是日本重要的生活模式。

但不管是谁,只要有离开家庭独立生存的意愿,政府就应该提供相应的支援机制;还应该建立一个无论和谁生活都不会陷入制度上的劣势,进而生活艰难、望而却步的社会制度。

"男主外模式"的崩坏与意识的偏移

未嫁从父、既嫁从夫、夫死从子的"男主外模式"在终身雇佣制的崩溃和非正式雇佣的扩大中,已经如同风中烛火。

在男性从事长时间劳动,女性包揽家务、育儿、看护等劳动再生产的"男主外模式"中,能够当得起"家庭主妇"角色的,只有正式雇佣、收入较高,可充当收入顶梁柱的女性配偶。

从享受配偶优惠的女性比例可见,丈夫年收入越高,

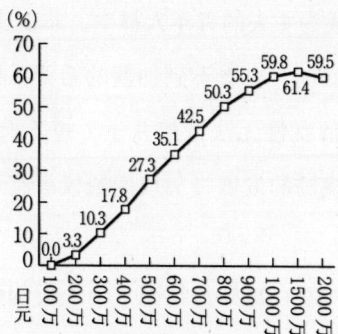

注：图中为经过年末调整的全年劳动所得者总数对应的配偶优惠适用者比例。
数据来源：内阁府两性平等局《两性平等白皮书（平成二十四年版）》

图终-1 不同收入级别适用配偶优惠的比例

女性获得优惠的比例就越高，堪称讽刺。自然而然地，家庭年收入低的阶层无法依靠"男主外模式"，即男性一人工作无法维持一家生计的时候，妻子也必须出去工作。

随着贫富差距的扩大和贫困的蔓延，以青年人群为中心，越来越多的男性只得从事不稳定的工作。最近，希望成为家庭主妇的青年女性逐渐增多，但如今家庭主妇已经不是人人都做得起的了，只能对"家庭主妇"临渊羡鱼。

未来将成为丈夫的青年人群中，非正式雇佣者众多，就算是正式雇佣，也看不到加薪的希望，处在这种境地中的单身高龄女性无法依赖儿子，也不会想依赖儿子。随着未婚、晚婚的发展，父权的威仪极有可能已经不复存在。

然而，即使在这样的情况下，人类的价值观也不会轻易改变。

本书一直强调女性的贫困很难被看到，而且当事人及其家人往往也意识不到贫困的危机。例如大学毕业以后一直打零工的女性在父母家过着不自由的生活，却声称自己很满足。还有高中退学后连续多年"家里蹲"的女性并没有感到不安，她的家人也从不抱怨。

没错，与其在所谓黑心企业工作，最后身心俱损，这些或许是更好的选择。她们完全有可能直接找到能够充当"收入来源"的男性并与之结婚，过上与贫困和生存困境无缘的人生。

可是，"从此，公主过上了幸福的生活。全剧终"这样的结局真的好吗？这种生活持续下去的保障在哪里？

常有人说，女性拥有很多选择。橘木俊诏在前面提到的《女女格差》后记中写道："在人生的各个阶段，女性都有机会获得更多选择。"所谓选择,就是结婚、成为家庭主妇、生孩子、做全职或是兼职。随后她又总结道:"正因为女性的选择更多,人生更灵活,如果顺利,她们的满意度或许也会比男性更高。"

但我认为,这种"选择多"的想法可能是个陷阱。说到底,大多数选项都以"结婚"或"将来可能结婚"为前提,这种前提下的结婚还必须是进入"男主外模式"的婚姻,否则就无法当家庭主妇或是做兼职。

正因为选择多,人们普遍认为"女性更轻松",甚至连女性自己也深信不疑。

相比之下,越是深陷困境的女性,"选择"就越少。如果学历低,就只能从事非正式雇佣。因为没有丈夫,只能做全职。而且随着年龄增长,一度近乎无限的"选择"也会变得极为有限。即便想继续工作,如果丈夫不帮忙育儿,也只得辞职。想结婚生子,但是找不到对象。……

我认为,女性摆脱贫困的一个方法,就是舍弃这种"多元选择",即放弃以结婚为前提的观念,而是培养身为"户主"的意识。已婚女性也一样。当然,不仅是意识,税收和社会保障等以家庭为单位的政策也有必要改成以个人为单位。

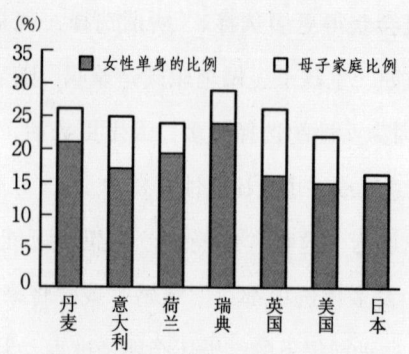

数据来源：丸山里美《女性流浪问题》，小杉、宫本编著《底层化的女性》

图终-2 发达国家中女性为户主的家庭比例

上文已经论述过，由于计算贫困率时家庭收入也在参考范围内，只要不是独自居住，女性贫困问题就无法浮出水面。一旦被隐藏在家庭中，女性贫困甚至无法被看到。为了让其凸显出来，培养"户主"意识是重要的第一步。

超越贫困女子

我一直在犹豫，是否要将本书书名定为"贫困女子"。本书之意不在于探讨"住在父母家是否算贫困"，可是只要出现"贫困"这个词，就会引发根据可支配收入多寡等诸多条件的客观"筛选"。然而，女性的贫困很难定义，一旦使用了"贫困"一词，可能就会将周边人群排除在外。

正如第二章介绍，大多数举办女性就业支援讲座的组织在招募对象时都会使用"工作上有烦恼，生活上有困难的女性"这一描述。这些组织可能试图通过"工作烦恼与生活困难"，来发掘用"贫困"无法涵盖的、被隐藏的困难人群。

更进一步的，本书还试图将女性深陷工作与生活困难的现实归结为社会结构上的问题。

就业冰河期导致了就业困难、雇佣非正式化和过劳的蔓延，这种情况又使女性不得不依附于家庭，从而引发各种问题，使得"雇佣"和"家庭"的包容度到达了临界点。在工作与生活困难的背景之下，女性自己可能已经察觉到了这些问题。

此外，本书还指出了青年女性被紧紧追逼的背景之下，举全国之力应对少子化和促进女性活跃的趋势。只要走出家门就非常容易陷入贫困的境地始终没变过，但现在的青年女性却要在"一亿总活跃"的呼声中满足人们"工作并生儿育女"的要求。

或许有人认为,担心国家政策会影响到个人观念和婚育等私人领域的想法是杞人忧天。当然,现在也存在无论社会风向如何,依旧选择做"单身女王"的女性。但大多数接受采访的青年单身女性从未主动选择过非正式/单身/无子。从她们屡屡提及婚育压力、对将来的不安和无法为社会做贡献的焦虑这一现象中,足以看出这个事实。她们为无法工作并生儿育女而自责,情绪低落不已。那不仅仅是由雇佣和家庭关系引发的、自身有意识的生存困难,而是"像空气般无味透明的生存困难"。

身在社会之中,却感到像空气般无味透明的生存困难的人,恐怕不只是青年女性。

当今世界,没有在经济(参加工作并纳税)、社会(生儿育女,看护老人)等方面做出"活跃"(为国贡献)的人,都要被贴上"没用"的标签,被迫保持沉默。假设有人想在那个立场上表达"我的痛苦源于社会",立刻就会遭到围攻。

在差距与割裂不断深化的同时,人们开始关注贫困问题。尤其是近几年,最为积极的政策可能就是解决儿童贫困问题。然而针对通常被认为属于"自身责任"的成人贫困，社会却表现出了严苛的倾向。例如一些市町村行政部门制定了极为严格的生活保障金使用限制，试图筛选出"值得拯救的穷人"。

第三章讲述了在职场遭到霸凌，或是压力过大导致抑郁症发作，换了好几份工作，最后不得不选择以残障身份，才终于能够安心工作的女性故事。归根结底，她是在成了"值得拯救的弱者"之后，才从自身责任的论调中解放了出来。

只要不被认同为"值得拯救的穷人、弱者"，就要被打上"没用"的烙印，被迫付出没完没了的努力。

然而，"值得拯救的穷人、弱者"这个观念非常危险，也极不稳定。人们为了得到这个价值观的认同，不得不暴露在众人的眼皮底下。举个例子。电视节目往往会对处于贫困状态的人进行持有物品检查，并做出"他有这个东西，所以不算贫困"的评价，或是批判一个领取生活保障金的人"竟然做这种事，太不要脸"。有时，连政治家都会站在这种批判的最前沿。

为了保持"值得拯救的穷人、弱者"立场，必须时刻低头乞怜。可是，就算不拿出"健康而文明的最低限度生活"这一《宪法》第二十五条的规定，每个人也都有生活的权利。对身陷困境的人提供救济而非怜悯，是国家必须履行的义务。

当今社会究竟是让谁过得更好的社会呢？给别人贴上"没用"的标签并大加批判的人，很可能自己的生存也有困难。

本书反复讲述了因过重劳动而疲惫不堪的人群，霸凌和职权骚扰横行的职场，以及若不拼命工作到身心俱损、若不表现出堪称过剩的活跃就无法被认同的社会——在这样的社会中，无论他/她多么优秀，都很容易掉队。或许正是每天难以排解的疲劳和苦闷，才转化成了对他人的攻击。

可是，稳定雇佣的数量有限和青年求职困难都不是个人努力不足的缘故，而是社会结构的问题。为改善这种状态，国家究竟做了什么？

可以预见，政府将继续在解决少子化和促进女性活跃的旗号下推出各种政策。可是在正式员工薪资刷新历史纪录的背景之下，雇佣者中非正式雇佣者所占比也刷新了历史纪录。正如上文所述，在《女性活跃促进法》颁布那年，规定派遣劳动者可以无限期派遣的《劳动者派遣法修正案》也同时颁布。

我们恐怕不能忘记，表面看似福音的政策，换个角度看就有可能变成深化割裂、固化差距的始作俑者。

最后，我之所以定下"贫困女子"的标题，也是因为一切工作必须从让"连贫困都无法定义的女性"被大家看到。我认为，这同时也是让"像空气般无味透明的生存困难"被看到。连工作都没有、税都没纳过、婚也没结、孩子都没有……我们不能让这种"像空气般无味透明的生存困难"被归结到自身责任的闭环中。

在重云压境中寻找一线光明——我们不能放弃，要始终争取让每个人都不会感到生存困难。

后　记

　　为了揭露极少被人关注的青年女性贫困现状而展开调查采访，如今已经过去了四个春秋。

　　其间，出版了一些以贫困女子为主题的书籍，网上以"贫困女子"为话题的文章也如同"固定话题"一般泛滥起来。

　　这些文章大都绘声绘色地描写了女性们的外表（服装、提包的牌子，发型和妆容等），还不忘详细描述曾经与男性交往的种种经历。有时，服装和一些细微的举止能够为了解一个人提供重要的提示。但是，他们在撰写贫困男性的文章时，会对外表进行如此细致的描写吗？会详细询问他们与女性交往的历史吗？

　　我在文中提到，越是对"贫困女子"进行采访，就越感到难以把握,难以总结。十几岁的少女离家流落街头,每晚结识不同的男性,到他们家过夜;名校学生为了赚取学费而从事上门性服务;单身母亲怀孕或刚刚生育后找不到工作,只能到专门招募孕妇的风俗店铺上班。这些女性的经历令人震惊。可是,现象越是令人震惊,其背后深处的贫困问题就越容易隐藏在眩光中难以看清。

媒体介绍的"女性贫困"也多为令人震惊的故事。这在吸引人们关注方面可能很有效,可是越刻意宣传令人震惊的故事,就越容易让人认为"女性贫困"是一种特殊现象,并将其归结为个人问题。

辍学后已经持续十多年"家里蹲"生活的女性,以及靠着捉襟见肘的生活费勉力维持独居生活的女性派遣员工,她们的故事可能都没有戏剧性。有些女性甚至从未与男性交往过。这些平凡的贫困女子几乎无法发声,也很难断言本书对她们进行了全面的叙述。

有一点务必不能遗忘,那就是本书提及的女性背后还存在着千千万万连声音都没发出来的女性。无论什么时候,我们都需要具备对"不在场之人"的感知力。

为了能采访到书中女性,我得到了多方帮助,包括"神奈川社会包容组织""with you 埼玉""横滨市两性平等促进协会""首都圈青年联会""东京都高中退学者调查团队"等。此外还要衷心感谢给我连载机会的《妇人公论》编辑部工藤尚彦先生,从策划阶段就一直对我照顾有加的岩波书店原编辑山川良子女士,以及一直给她添麻烦却被宽容对待的岩波书店编辑部上田麻里女士。

为困苦之人发声的意愿引导我走到了这一步。可是,在听取这些女性故事的同时,我也经常有"果然如此""我也这么想"的共鸣,并且受到激励。然后我才意识到,其实是她们替我说出了我自己一直感觉到的生存困难。

如果没有这些女性的声音,本书就无法成立。我要对每一个说出自身经历的女性表示感谢,并以此为结束语。

2016 年 8 月

饭岛裕子

```
RUPO HINKON JOSHI
by Yuko Iijima
© 2016 by Yuko Iijima
Originally published in 2016 by Iwanami Shoten, Publishers, Tokyo.
This simplified Chinese edition published 2021
by New Star Press Co., Ltd., Beijing
by arrangement with Iwanami Shoten, Publishers, Tokyo
All rights reserved.
```

著作版权合同登记号：01-2019-5356

图书在版编目（CIP）数据

日本贫困女子 /（日）饭岛裕子著；吕灵芝译 . -- 北京：新星出版社，2021.5
ISBN 978-7-5133-4404-3

Ⅰ.①日… Ⅱ.①饭… ②吕… Ⅲ.①妇女-生活状况-研究-日本 Ⅳ.① D443.137

中国版本图书馆 CIP 数据核字（2021）第 046116 号

日本贫困女子

[日] 饭岛裕子 著；吕灵芝 译

责任编辑：白华昭
责任校对：刘 义
责任印制：李珊珊
装帧设计：冷暖儿

出版发行：新星出版社	
出 版 人：马汝军	
社　　址：北京市西城区车公庄大街丙3号楼　100044	
网　　址：www.newstarpress.com	
电　　话：010-88310888	
传　　真：010-65270449	
法律顾问：北京市岳成律师事务所	

读者服务：010-88310811　　service@newstarpress.com
邮购地址：北京市西城区车公庄大街丙3号楼　100044

印　　刷：北京天恒嘉业印刷有限公司	
开　　本：889mm×1194mm　1/32	
印　　张：8.25	
字　　数：123千字	
版　　次：2021年5月第一版　2021年5月第一次印刷	
书　　号：ISBN 978-7-5133-4404-3	
定　　价：42.00元	

版权专有，侵权必究；如有质量问题，请与印刷厂联系调换。